野良シャツ、柿渋染めエプロン、子ども服

種まきびとのちくちくしごと

早川ユミ

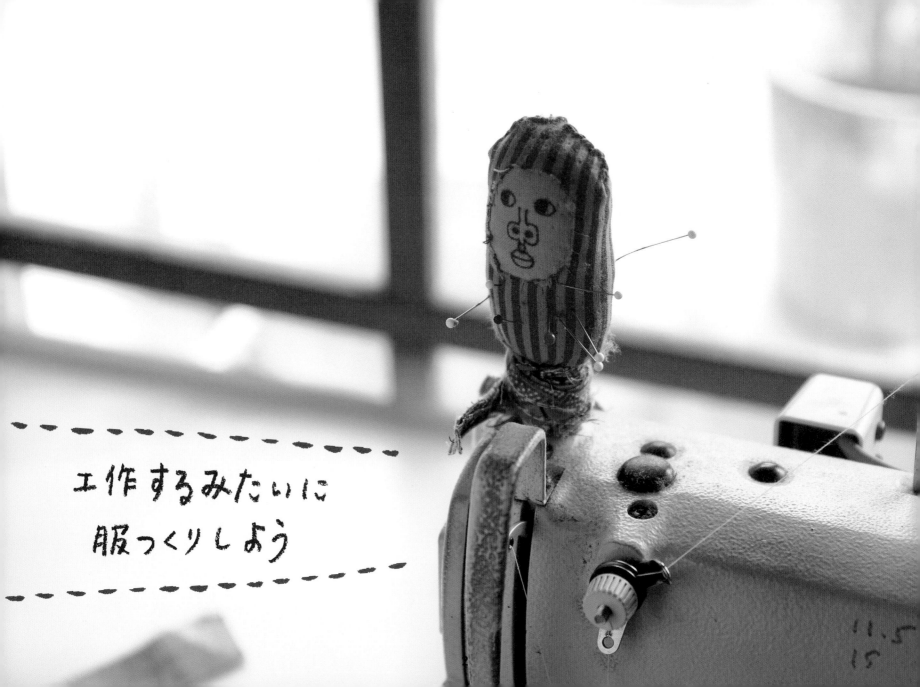

工作するみたいに
服つくりしよう

洋裁を勉強したことがなくても
子どもの工作のような感覚で自由にちくちく。
きっちり、かっちりとしなくても、だいたいで大丈夫です。
くねくねした有機的な線のほうが、ゆらぎがあって
おもしろい服、たのしい服、うれしい服になる。
折り伏せ縫いやくるみ縫いのわざをつかいます。

あたまも手も工作的に考えるように。
むつかしいことは、やさしく
やさしいことは、おもしろく
おもしろいことは、ゆかいに
服つくりするようになりましょう。

詩をかくように
種まきするように
ごはんをつくるように
畑で野菜をつくるように
田んぼでお米をつくるように
有機的なかたちで、服をつくりましょう。

もくじ

◎ ★の数が少ないほど簡単につくれます。「🪡」マークがついているものはミシンを使わず手縫いだけでもつくれるものです。
◎ この本は季刊誌「うかたま」49号（2018年）〜 64号（2021年）に掲載された連載「早川ユミのちくちくしごと」に加筆修正して1冊にまとめたものです。基本的に掲載時の材料やつくり方と同じですが、よりわかりやすい表現に変えている箇所や、連載には掲載されていなかった服やコラムもあります。

ミシン

工業用のJUKIミシンを使っています。力があり、帆布でもらくらく縫えます。家庭用のミシンでもゆっくり縫えば厚い生地が縫えます。わたしは直線縫いしか使わないので、多機能でなくて大丈夫です。

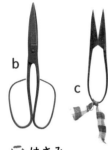

はさみ

母から譲り受けた裁ちばさみ（a）と、えりぐりなど細かな部分を切るときのための銅のはさみ（b）、糸切りばさみ（c）を使っています。銅のはさみは神戸のTAjiKA copperのもの。軽くて小回りがきくので研ぎ直しにだしながらずっと使っています。

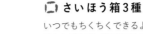

さいほう箱3種

いつでもちくちくできるように、寝るところとしごと場、旅用に3つのさいほう箱があります。それぞれに糸と針、糸切りばさみと糸巻き、針山を入れています。

アイロン

DBK社のスチームアイロンを使っています。シンプルで十分な重さがあるものがおすすめです。

針山

友人の陶器の湯のみにフェルトでつくった針山を入れたもの。ミシンのそばにおいています。

道具たち

わたしのちくちくしごとに欠かせない道具たち。
じぶんの手になじむもの、
気に入るものを選んで大事に使っています。

ものさし

竹製の20cmものさし（d）はミシンの近くにおいて使います。ステンレス製の60cmものさし（e）は布を切るときに。布にこれをあてて、とじたはさみで線をつけるとまっすぐなあとがつきます。L字型になったさしがね（曲尺）を組み合わせれば直角の線もひけます。

針

ルシアンの刺しゅう針の1〜3号を使っています。一番細い針はダルマの家庭糸、中くらいの針は刺しゅう糸、一番太い針は太めの刺し子糸に使います。

糸

刺しゅう糸にはフランス製DMCの5番（f）と、それより太い3番（g）を使います。手縫い糸はダルマ家庭糸の太口（h）を。太い刺し子糸（i）も使います。布の厚みや服の雰囲気に合わせて選びます。

布たち

この本で使うのは、土に還る天然繊維の布です。
つくるものによって、薄い布から厚手の布、
起毛させた布などを使い分けます。

木綿のシーチング（厚手）

シーツに使われたのが名の由来で、仮縫い用に使われるくらい値段も手ごろ。野良シャツ（p26）や野生パンツ（p35）に使います。洗うと縮むので、大きめにつくります。

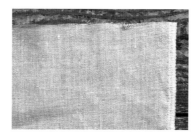

麻布

木綿布に比べて値段はしますが、ふうあいもよく、丈夫で長もちするので絵日記シャツ（p22）や畑もんぺ（p40）で愛用しています。服によって厚手と薄手を使い分けます。

ネル生地

表面が起毛しているやわらかい木綿布。温かく、肌ざわりがよく、パジャマやシャツによく使われます。布ナプキン（p88）には無漂白のネル*がおすすめです。

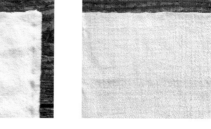

木綿のダブルガーゼ

あまくよった糸を使った平織りの薄地の布。吸水性があるのでシミーズ（p82）などに向きます。頑丈さはないですが、着心地がよいのでルームウエアをつくるのにもよいです。

ベッチン

細かい毛を起毛させた厚手の木綿布。手触りがやわらかく独特の光沢があります。目が詰まっているので湯たんぽ袋（p67）に使うと温かく、丈夫になります。

羽二重
はぶたえ

縦糸2本、横糸1本で織る平織りの絹織物です。上質の絹糸で織られており、やわらかく軽く光沢があります。素肌にふれるふんどしパンツ（p82）で使います。

綿麻シーチング

綿と麻を合わせたシーチングです。木綿のやわらかさと、麻の通気性のよさ、丈夫さを兼ね備えています。ブラウス（p30）などにおすすめです。

*無漂白のネルの購入先
スペース・ムウ
TEL：045-295-6544
MAIL：space-muu@hotmail.co.jp
※無漂白ネル生地のお申し込みは1m
（1200円）から受けつけています。

［ ち く ち く の ま え に ］

わたしの服つくりは、一般的な洋裁とは少しちがいます。
ちくちくのまえにひつようなことばやポイントを紹介します。

できあがりのサイズ

身長160㎝のわたしがゆったりと着られるサイズになっています。着ている写真を参考に、途中で試着したり、手ではかりながら、じぶんにぴったりのサイズにしてください。

水通ししないでつくる

布は洗濯で縮んだりゆがんだりするので、一般的な洋裁の服つくりでは、ちくちくのまえに布に水通しをします。けれどわたしは水通しをせず、そのままで縫って洗いにかけることで手縫いのふうあいを楽しみます。

ちくちくのことば

・縫いしろ＝縫い合わせるためにひつような、できあがり線から外側の部分。
・わ＝布を折ったときの折り山のこと。
・中表＝2枚の布の表を内側にして合わせること。2枚の布の表を外側にして合わせることは外表といいます。
・耳＝裁つまえの布の両端のこと。織り糸が折り返してあるのでほつれることがありません。ほつれない特徴を生かしてすそなどにそのまま使うことがよくあります。
・布テープ＝市販されている手芸用テープで

はなく、余ったチェックや無地の布を細長く切ったもののことです。スカートのすそやシャツのそで、襟ぐりなどに使います。これがより小さくなったものが「布のかけら」。布のかけらをつなぎ合わせた「つぎはぎテープ」を使うこともあります。

三つ折り（a、b）

布端がほつれないよう、2回折って布を3重にすることを三つ折りといいます。

爪アイロン（c）

爪を使ってぐしぐしと折り目にあとをつけることをこう呼んでいます。アイロンいらずでらくちんです。服は立体的なものなので、すべてにアイロンをかけてぺちゃんこにするひつようはないのです。

まつり縫い（d）

すそやそでを始末するときによく使うのが、まつり縫いです。なみ縫いでもよいですが、まつり縫いをすると丈夫でながもちします。本来のまつり縫いは表にひびかないように縫いますが、わたしは表にもちくちくななめの縫い目をだして縫います。

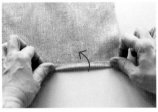
a

b

c

d

・そのほかの特別なつくり方は、それぞれの服つくりのなかで「memo（p13、p34、p36、p49、p54）」として紹介しています。

・ミシンで縫うときは、始めと終わりに返し縫いをします。

8

着るものいろいろ

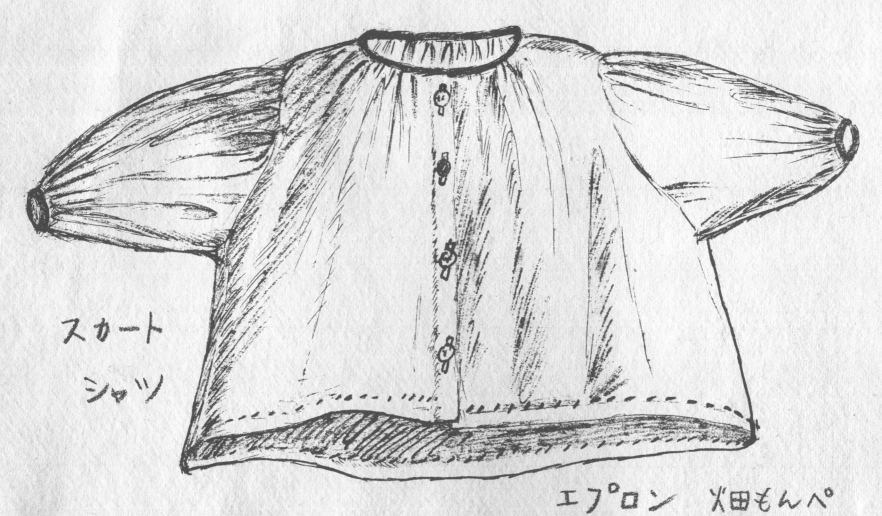

スカート
シャツ

エプロン 畑もんぺ

スカート

スカートが大好きです！

子どもが幼いころ、お客さんがくるとはずかしがってスカートのなかにかくれんぼ。ああ、なつかしいと思い出してはクスッとします。

わたしも母のスカートが大好きで、よくかくれました。

そんなとき、思い出すのがベルナルド・ベルトルッチの映画「ラストエンペラー」の布使い。布が風にたなびくようすが、アジアの布のふうあいを実にみごとに表現しているので、心ゆさぶられます。

アジアというと布の国。さまざまなうつくしい布があります。アジアを旅すると出会う、山岳少数民族の手織りや手紡ぎの布や、絣や印判の木綿布、草木染めのシルクの布など。

布のゆたかさと人々の布使いの土着的な表現におどろきます。とくにインドネシアのさらさ布は、南国の植物の絵が描かれ、おなじような図柄に出会ったことがないほど、モチーフがあっておどろきます。そして洗えば洗うほどに色があせて、魅力的な布に育ちます。

チベット人は毛布のような布をくるっとまきつけ、からだぜんぶをおおいます。インドにはガンジーの提唱したカディという手紡ぎ手織り布があります。女性のサリーは4メートルもの布をからだにまきつけています。

わたしもアジア人の布づかいを真似て、輪に縫ってかんたんにスカートをつくりました。すそに手持ちの生地をつぎはぎすれば、すてきなスカートになります。夏にはさらさ布でつくったスカートで涼しく、冬にはネル生地でつくったスカートで温かく。冷えとり健康法で、下にもんぺやスパッツを重ね着します。わたしも子どもたちもスカートが大好き。スカートは布の、やさしい、たおやかな、うつくしさがいちばんきわだつからです。

スカートのつくり方

わっかにした布に
ポケットとすそをつけるだけ

材料

❶ スカート用木綿布*（85cm×175cm）
❷ ポケット用麻布（20cm×25cm）…2枚
❸ 布のかけら**（5cm幅）…たくさん
❹ ゴム（0.8cm幅×75cm）…2本
❺ ひも通し
❻ ミシン糸

*今回はネル生地を使用。あたたかなスカートになる。
夏はさらさ布など薄手の生地がおすすめ。

**端をつなぎ合わせて177cm長さになるようにする
（つくり方4）。

1 スカート布を縫い合わせる

図のようにスカート布を中表にして半分に
折る。折り伏せ縫いできるよう、上の布を1
cm内側にずらし、赤い点線部分を縫う。

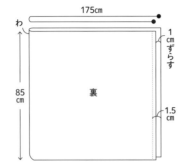

2 折り伏せ縫いする

1の縫いしろを中心にして開き、折り伏せ
縫い（→右ページ「折り伏せ縫い」参照）す
る。折り伏せ縫いした部分がスカートの後
ろの中心になる。

3 ウエストを縫う

ウエスト部分は図のように6cm幅の三つ折
りにする。ゴムの通し口を2cmほど残して、
赤い点線の通りウエストをぐるりと3周縫
い、ゴムが2本通るようにする。

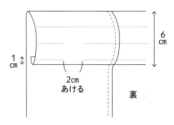

4 つぎはぎテープをつくる

布のかけらを中表に合わせ、端を縫い合わ
せてつなげ、177cm長さのテープをつくる。

5 すそにテープをつける

スカートのすその裏に、テープを裏にして
合わせ、縫いつける（①）。テープを表に返
し、テープのつなぎ目を縫う（②）。すそを
くるむようにしてスカートの表側に三つ折
りして縫いつける（③）。

テープの端は0.5cm
ほど折り返してか
ら縫い始める

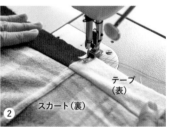

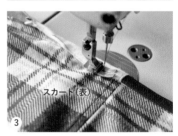

6 ポケットをつける

ポケット用麻布の短辺の一方を表側に三つ折りしてきわを縫う。これがポケット口になる。2つつくり、スカートの左右のちょうどよい場所にあてる。それぞれ端を裏側に折り込み、ポケット口を残してきわを縫う（写真）。

表

7 ゴムを通す

ひも通しでウエストにゴムを2本通す。

◎p11の左のスカートのようにすそにつぎはぎ布の切り返しをつけてもかわいいです。

---

memo

折り伏せ縫い

スカートやもんぺ、シャツの脇を縫うときに使う縫い方で、この本でも何度も登場します。
ロックミシンを使わずにきれいに布の裏の始末ができるうえ、洗濯してもほつれにくく丈夫になります。

1 2枚の布を中表に合わせ、折り伏せ縫いできるよう1cmくらいずらして縫う。

裏

2 縫いしろを中心にして2枚の布を開く。

3 長い方の縫いしろで短い方の縫いしろをくるむ。

4 布端が見えなくなるようそのまま倒す。

5 縫いしろの上をミシンで縫うか、手縫いでまつり縫いする。

カレンシャツと
カレンワンピース

タイ国境のアカ族の村をたずねて森を歩いていると、むこうからくる少年の姿にどきりとしました。

肩にかかえる竹筒が銃のように見えたからです。近づくと竹筒にニワトリがすっぽりと、はまっているので、思わず微笑んでしまいました。

「カレン族だよ」と一緒にいたタイ人が伝えてくれました。遠くから見て何族かわかるように、それぞれ民族独特の衣服を着ているのかもしれません。

野生的で、首がきりりと見えるカレン族のシャツは、そのかたちになる理由があります。カレン族の手織りの布は、原始機とよばれる糸そうこう*を使った織り機でつくられます。織り幅は30センチくらい。そのちいさな手織り布を2枚はぎあわせて切らずに縫うだけで、シンプルなシャツやワンピースをつくります。

カレンシャツは流行や経済によってつくられる現代の服とはぜんぜんちがう理由でうつくしいのだとおしえてくれます。子どもたちは糸を紡ぎながら歩き、女たちは赤ちゃんをかかえながら原始機織りで布を織り、かぞくの衣服を縫っています。そんな染め織りや刺しゅう、竹かごの手しごとに心ひかれて、かつてはよく山岳民族の村へと旅をしました。

カレン、アカ、カチン、ラフ族…。こうした山深い土地にくらすインドシナ半島の山岳少数民族は焼畑で山を移動し、文字をもたず口で伝えるなどしてきました。これは国家に属さない、権力から逃れるためだったという人類学者もいます。自由に生きのびていくために、わざわざ、このような生活習慣をもっていたというのです。カレンシャツを着ると、文明化のなかでなくした野生をとりもどし、からだが自由になるように感じます。

＊横糸を通すため、縦糸を上下に分ける器具のこと。

カレンシャツの
つくり方

同じ幅の布を2枚つなげた
カレン族のシャツ

材料

❶ シャツ用の木綿布（30cm×110cm）…2枚
❷ 飾り用のたから貝（ビーズやボタンでもよい）
　…2個
❸ 刺しゅう糸

1 真ん中を縫い合わせる

布を中表に2枚重ね、図の赤い点線部分を縫う。重ねた布を開き、中心線で中表に折る。

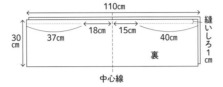

2 両脇を縫う

両脇の赤い点線部分を縫う。

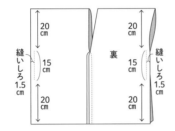

3 縫いしろを始末する

真ん中の縫いしろを開き、裏側に三つ折りし、きわを縫う（①、②）。首回りの端も三つ折りして縫う（③）。両脇の縫いしろも同様に開き、スリットとそで回りの端も一緒に三つ折りして縫う。

4 すそを縫う

すそも同様に裏に向かって三つ折りし、きわを縫う。すその四隅はほつれやすいので図の赤い点線のように角を四角形に縫うとよい。

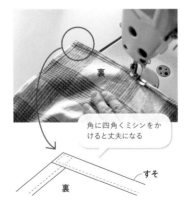

角に四角くミシンをかけると丈夫になる

5 ステッチし、飾りをつける

首回りとそで回り、スリットとすそ回りを刺しゅう糸でなみ縫いする（①）。貝やビーズなどを胸元と背中に1つずつつける（②）。

16

カレンワンピースのつくり方

丈を短くしたカレンシャツに
スカートをつけてつくる

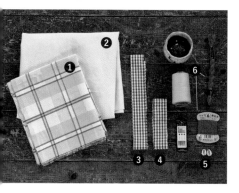

材料

❶ シャツ用の木綿布（30cm×70cm）…2枚
❷ スカート用の木綿布＊（75cm×160cm）
❸ すそ用の布テープ（4cm×162cm）
❹ ウエスト用の布テープ（4cm×115cm）
❺ 飾り用のたから貝（ビーズやボタンでもよい）…2個
❻ 刺しゅう糸、手縫い糸太口

＊今回は厚手のシーチングを使用。

1 カレンシャツをつくる

シャツ用の布を中表に2枚重ね、図1の赤い点線部分を縫う。重ねた布を開き、中心線で中表に折る。図2の赤い点線部分を縫う。左ページの3と同様に真ん中と両脇の縫いしろを開き、三つ折りしてきわを縫う。

〈図1〉

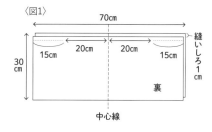

70cm
縫いしろ1cm
15cm 20cm 20cm 15cm
30cm
裏
中心線

〈図2〉

縫いしろ1.5cm
20cm 20cm
裏
15cm 15cm
縫いしろ1.5cm

2 スカートをつくる

スカート用の布を図のように中表に合わせる。折り伏せ縫いできるよう片方の布の端を1cmずらし、図の赤い点線部分を縫う。

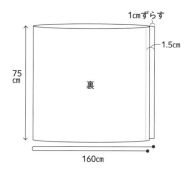

1cmずらす
1.5cm
75cm
裏
160cm

3 折り伏せ縫いする

2の縫いしろを中心にして開き、手縫い糸で折り伏せ縫い（→p13「折り伏せ縫い」参照）する。

4 シャツにスカートをつける

スカートを表に返し、片方の口に均等な間隔で印を4カ所つける。裏返したシャツの首元からスカートをさし入れ、シャツのA、B、C、Dとスカートを重ね、まち針でとめる。7cm程度の間隔でタックをつくって遊びをなくし、上からぐるりと縫う。

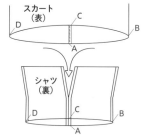

スカート（表）
D C B
A
シャツ（裏）
D C B
A

5 布テープでくるむ

シャツとスカートの縫いしろをウエスト用の布テープでくるむ。テープをシャツのすその裏に0.5cmほどずらして合わせ、ぐるりと縫う（①）。テープを表に返し、スカートの裏に三つ折りして縫いつける（②）。

シャツ（裏）
スカート（裏）
A B

6 すそ用のテープをつける

スカートのすそに、5と同様にすそ用の布テープをぐるりと縫いつけてから、反対側に返し、三つ折りにして縫いつける。

シャツ（裏）
裏
❶

シャツ（裏）
スカート（裏）
❷

7 ステッチし、飾りをつける

首回りとそで回りを刺しゅう糸でなみ縫いする。刺しゅう糸で飾り用の貝やビーズなどを胸元と背中に1つずつつける。

子どもとつくる
母貝頭衣

子どもは手をつかってつくるのが大好きです。指のちからがあるので息子が４歳のときには毛糸のとじ針を使ってフエルトを縫いつけたTシャツをわたしにプレゼントしてくれました。夫のテッペイさんには、布用絵の具で下着のパンツに絵を描いて父の日に贈りもの。子どものつくるものは、アーティストのように大胆でおもしろい。

　もともと家庭は生産のばしょでした。いまではすっかり消費するばかりになっていますが、かつては保存食つくりのちいさな工場のようでした。みそや梅干しや梅ジュース、ジャム、干し芋、らっきょう漬けやたくあん漬け、ぬか漬けなどたべるものはみんなでつくったものです。

　衣服もじぶんの手でつくると楽しいし、愛着がわいて、着るのがうれしくなります。なにより子どもも大人も自己肯定感がたかまるのです。そして手でつくった衣服は、しあわせな気持ちにあふれています。

　貫頭衣はポンチョのように一枚の布を二つ折りにしたもの。まんなかの穴に頭がとおれば、かんたんに衣服ができます。古代から縄文人や弥生人が着ていました。アフリカや南米の民族衣装にも見られ、アジアの山岳少数民族はいまでも日常着として着ています。

　子どもが幼いころは芋版で、ぺったん、ぺったんするのが好きでした。それだけでも、うつくしいし楽しい布ができるのですが、貫頭衣をつくって着るとなるとじぶんの衣服なので、色をまぜながら、子どもたちの好みの感じにちかづけます。

　もうひとつの教育のばしょとして家庭を工作教室にしましょう。そして、手でつくるって楽しいよと子どもたちに伝えましょう。

貫頭衣のつくり方

ざくざく切って脇と首を縫えばできあがり

材料

① シーチング（100cm×200cm）
② 布用絵の具（好きな色のものを何色か）
③ 絵筆
④ さつまいもかじゃがいも
⑤ 色違いの刺しゅう糸
⑥ 小皿、スポンジ

1 絵の具を用意する

水に溶いた絵の具を小皿の上においたスポンジに染み込ませ、その上に他の色の絵の具を直接のせる。

2 布に模様をつける

半分に切った芋をスポンジにつけて絵の具をなじませながら、布に模様をつける。半日ほどおいて絵の具を乾かす。

模様がつきました！

3 布を裁つ

布を縦半分に折る。左図の赤線部分を切り、大人と子ども用の布に分ける。それぞれの布を赤い点線部分で折り、赤線部分を切る。大人用は耳が脇に、子ども用は耳がすそになる。頭を入れてみて、入らなければ胸元に切り込みを入れて調節する。

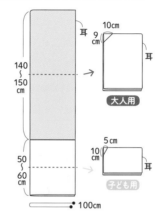

4 両脇を縫う

子ども用と大人用の布を図のように中表に折り、両脇の赤い点線部分をそれぞれ縫う。

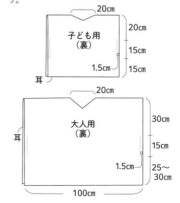

5 縫いしろを始末する

両脇の縫いしろを開き、裏に向かって三つ折りし、図の赤い斜線部分をまつり縫いする。大人用はすそも同様にまつり縫いする。

6 首回りをかがる

首回りを刺しゅう糸でかがる。途中で糸の色を変えると仕上がりが楽しくなる。

◎子ども用のサイズは小学校低学年の子どもが使える大きさ。個人差があるので各自で調節しながらつくってください。

20

貫頭衣ワンピースの
つくり方

材料はそのまま、模様をつけた布を長くとり
大人のワンピースをつくります。
すそに布をつぎ足すことで雰囲気が変わり
味わいのあるワンピースになります。

◎材料は左ページの「貫頭衣」と同じ。

1 布を裁つ

左ページと同様に模様をつけた
布を使う。図の赤線部分を切っ
てから、身ごろの赤い点線部分
で折り、下図の赤線部分を切る。

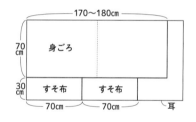

170〜180cm

70cm

身ごろ

30cm

すそ布　すそ布

70cm　70cm

耳

25cm　20cm　25cm

9cm

身ごろ

2 身ごろに
すそ布をつける

図のように前身ごろとすそ布を
中表に重ねる。折り伏せ縫いで
きるよう、布を1cmずらして赤い
点線部分を縫う。

身ごろ（表）

耳

すそ布（裏）

3 折り伏せ縫いする

縫いしろを中心にして開き、手縫
いで折り伏せ縫い（→p13「折り
伏せ縫い」参照）する。後ろ身ご
ろにも同様にしてすそ布をつけ
る。

4 両脇を縫う

すそ布をつけた布を図のように
中表に折り、両脇の赤い点線部
分をそれぞれ縫う。

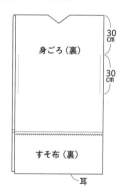

30cm

身ごろ（裏）

30cm

すそ布（裏）

耳

5 両脇と首回りを
始末する

左ページのつくり方5、6と同様
に両脇の端を三つ折りしてまつ
り縫いし、首回りを刺しゅう糸で
かがる。すそは耳を使うので、ま
つり縫いしなくてよい。

絵日記シャツ

夏になると絵日記シャツをつくり着ています。ブラジャーをしなくても涼しく活動的に過ごすために、絵日記シャツがひつようです。えりぐりもそでぐりも切りっぱなしで、絵を自由に描きます。解放するのは、おっぱいだけではなく、女性のからだや気持ちや人権もです。

　わたしはしめつける衣服が嫌いで、ブラジャーをつけると呼吸が浅くなり、動きにくく、気持ちわるくなります。いつからか男のひとの目を意識して、はずかしいから、身だしなみだから、おっぱいの形をよくするために、ブラがひつようと思いこんできました。

　でも、2013年に発表されたフランスの研究者の15年にわたる研究レポートによると、ブラをつけた女性よりノーブラの女性のほうが、おっぱいがたれることはなかったという、おどろきの報告がありました。

　アマゾンの秘境に裸でくらすヤノマミやイゾラドの部族はおっぱいぶらぶらです。未開の地にくらす土着の人々はブラジャーをつけていません。文明にくらすひとのブラ生活も、たかだか100年ほど。もともとブラジャーは男のひとの目を意識してつくられた下着でした。

　60年代のアメリカの女性解放運動のなかで、女性たちがブラをすることに反対する活動を提唱しはじめました。それが紹介されると日本でもブラを手放すノーブラが女性の人権の解放とともに主張されました。

　わたしも80年代にやっと、絵日記シャツをつくることでブラからぬけだし、これでだいじょうぶと思えました。

　ブラをする、しないを女性たちが自由に選べるようになるのがたいせつです。絵日記シャツをつくって、ブラなし生活を実践してみてください。だれでもからだが解放されて、うれしくなります。

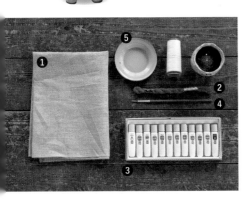

絵日記シャツのつくり方

縫うところが少ないので思い立ったらすぐできる

材料

❶ 麻布（80cm×55cm）
❷ 刺しゅう糸
❸ 布用絵の具
❹ 絵筆
❺ 小皿

1 布を裁つ

肩が「わ」になるよう、布を中表にして半分に折り、図のようにそでぐりと首回りを切る。

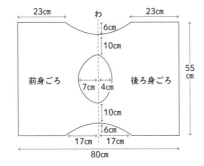

2 両脇を縫う

半分に折ったまま、前身ごろを下にしておく。折り伏せ縫いできるよう、後ろ身ごろの脇の部分を1cm内側にずらし、両脇を縫う。スリットにするので、すそから12cmは縫わない。

後ろ身ごろ（裏）

すそから12cm縫わない

3 両脇を折り伏せ縫いする

縫いしろを中心にして開き、折り伏せ縫い（→p13「折り伏せ縫い」参照）する。手縫いでまつり縫いするとちくちくのあとが表に出てかわいい。

後ろ身ごろ

前身ごろ

4 そでぐり、首回りを縫う

そでぐり、首回りをそれぞれ裏側に三つ折りしてまつり縫いかなみ縫いする。

裏

5 スリットを縫う

スリット部分も裏側に三つ折りしてまつり縫いかなみ縫いする。スリットの根元は写真のように何重にも縫って丈夫にする。

表

表

6 すそを縫う

すそは端から0.8cmほど間隔をあけてミシンで一直線に縫う。こうすることでほつれにくくなる。

7 絵を描く

前身ごろに布用絵の具を使って絵を描く。

◎1でそでぐりを切らずにつくると、着たときにタンクトップではなくTシャツのような形になる。

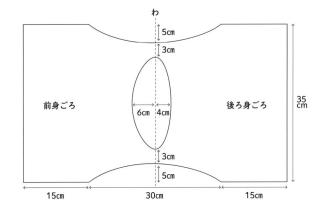

子どもの絵日記シャツの
つくり方

写真のシャツは息子が小さいころにつくったもの。
わたしが描いた絵を気に入ってずっと着ていました。
大きめにつくっておくと
赤ちゃんから3歳くらいまで着られます。

材料

・シーチング（35cm×60cm）
・刺しゅう糸
・布用絵の具
・絵筆
・小皿

1 布を裁つ

肩が「わ」になるよう、布を中表に
して半分に折り、図のようにそで
ぐりと首回りを切る。

前身ごろ　後ろ身ごろ

わ

5cm
3cm
6cm　4cm
3cm
5cm

35cm

15cm　30cm　15cm

2 シャツを縫う

左ページのつくり方2～6と同様
に縫ってシャツをつくる。頭を入
れてみて入らなければ胸元に切
り込みを入れて調節する。

3 絵を描く

前身ごろに布用絵の具を使って
絵を描く。

野良シャツ

畑しごとや日本みつばちのお世話をするときの野良着のもんぺに似合う開襟シャツをつくりました。

　朝の連続ドラマによく登場する、絣のもんぺに白い開襟シャツ。母の古い服にも見た記憶がありました。

　もともと開襟シャツの普及は、衛生学者の戸田正三が日本の風土に適した実用的なかたちの衣服として、戦前に広めたのがはじまりでした。

　詰襟のシャツにネクタイをしめるのが西洋式の正装でしたが、高温多湿な日本に適した服装として、ズボンにインしない戸田式開襟シャツを提案したのです。

　着てみるとたしかに胸元が開いていて、ほんとうに涼しいのです。

　そんな歴史のあるシャツを現代のしごと着、野良シャツとして、麻や木綿の布で、だれもが直線で工作的につくれるようにと考えました。

　フランスでは、ユニセックスなブルーの開襟シャツをバスや地下鉄の運転手さんたちが制服として着て、男のひとも女のひともはつらつとしごとしていたのを思い出しました。

　大きめのシャツを女のひともダボっと着ているのが、動きやすそうで実にかっこいいのです。女のひとが運転手さんとしてはたらいているのをフランスでもスペインでもよく見かけました。職業にも、男女平等の考え方がたいせつにされている国なんだなと思いました。

　日本でも社会のなかで女性がもっと活躍してほしいです。以前、高知の四万十町で子育てをしながら町の議員をしている女性に出会いました。そのとき、議員としてふさわしい衣服はなんだろうと聞かれました。開襟シャツは省エネルックだし印象もきりりと見えて、ぴったりです。

野良シャツのつくり方

直線が多いので裁ちやすく縫いやすい

材料

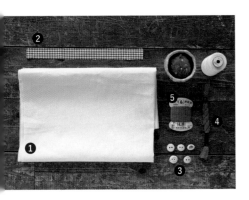

1 シーチング*（110cm×120cm）
2 布テープ（4cm×32cm）
3 ボタン…5個
4 刺しゅう糸
5 手縫い糸太口

*シーチングは洗うと大幅に縮むので、できあがりより大きめにつくっておく。木綿のギンガムチェックや麻布にする際はえりとえりぐりを小さくつくるとよい。

1 布を裁つ①

シャツ用の布を上図のように半分に折り、重ねたまま赤線部分を切る。そで口に布の耳を使うと始末が簡単になる。えりは2枚重ねたまま半分に折り、下図の赤線部分を切る。

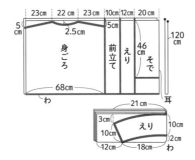

2 布を裁つ②

身ごろの1枚を縦半分に折り、「わ」とえりぐりを切る。残った1枚が後ろ身ごろ。前立てと前身ごろを重ね、えりぐりのライン（赤線）に合わせて前立ても切る（写真）。

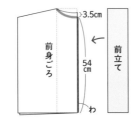

3 両肩を縫う

前身ごろと後ろ身ごろを図のように中表に合わせ、赤い点線部分を縫う。折り伏せ縫いできるよう、後ろ身ごろを0.8cm下にずらす。

4 折り伏せ縫いする

3の縫いしろを中心にして開き、手縫い糸で折り伏せ縫い（→p13「折り伏せ縫い」参照）する。

5 そでをとりつける

図のようにそでと身ごろを中表に0.5cmずらして重ね、まち針でとめる。図の赤い点線部分を真ん中から両端に向かって縫う。

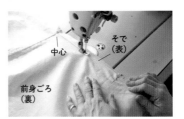

6 折り伏せ縫いする

5の縫いしろを中心にして開き、赤い点線部分をミシンで折り伏せ縫いする。もう片方のそでも同様にしてつける。

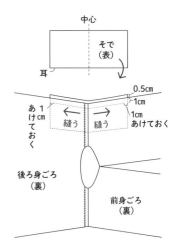

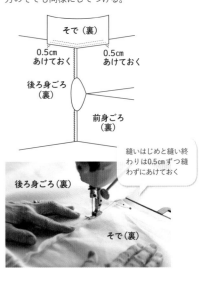

縫いはじめと縫い終わりは0.5cmずつ縫わずにあけておく

7 そでから脇を縫う

図のようにそでと身ごろを1cmずらして中表に重ね、Aからそでの端とすそに向かってそれぞれ赤い点線部分を縫う。脇は直角に縫うとつってしまうのでカーブを描くように縫うとよい。縫いしろを開き、すそからそでに向かってミシンで折り伏せ縫いする（写真）。

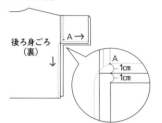

8 前立てをつける

前身ごろの両側に前立てをそれぞれ中表に合わせ、前立てを1cm折り返す。図の赤い点線部分を縫う。

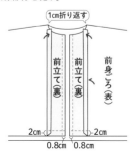

9 えりをつくる

えり2枚を中表に重ね、縫いしろ0.8cmで図の赤い点線のとおり縫い合わせる。

10 えりをつける

えりを表に返し、えりの中心を後ろ身ごろの中心と合わせてまち針でとめる（①）。中心から肩へ、前身ごろ側へと縫いしろ0.8cmで縫う。最後はえりの端に前立てをかぶせて、前立ての端まで縫い合わせる（②）。

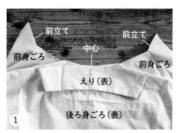

11 テープをつける

えり元の中心にテープの中心を合わせ、まち針でとめる（①）。テープの端から端へ、縫いしろ1cmで縫う（②）。前立てを表に返す。えりの縫いしろをテープでくるんでまち針でとめ（③）、手縫い糸でまつり縫いかなみ縫いし、後ろ身ごろに縫いつける。

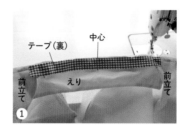

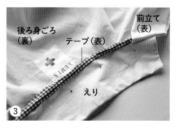

12 前立てとすそを縫う

11の続きで、前立て、すそ、前立ての順にぐるりとまつり縫いかなみ縫いする。すそは内側に三つ折りして縫う。

13 ボタンをつける

前身ごろの左側にボタンを等間隔におき（①）、刺しゅう糸で縫いつける。前身ごろの右側に、ボタンの大きさに合わせて印をつけ、四角くミシンを2周かける（②）。四角の中を縦に切ってボタンホールをつくる。好みでポケットをつける。

1番目のボタンは上から8cmの位置につける

みっばち
ブラウス

森のおくりもの、日本みつばちを飼いはじめて12年がすぎました。春になるとうれしくてふふふと笑ってしまいます。巣からミツロウをとり、クリームをつくって顔や手にぬっているので、みつばちがわたしの手やほっぺにとまり、つんつんとつつきにやってきます。そのようすがほんとうにかわいくて愛おしいのです。

　みつばちのお世話をするときにはかならず白い服を着ます。これは、はちが黒い色に向かってくる習性があるからです。みつばちの近くには天敵のスズメばちもいて、刺されるとたいへんです。そのために白いブラウスをつくりました。働きばちはみんなメスで、相談し合いながらしごとをしているといいます。女たちが中心の平和なみつばち社会にあこがれ、みつばちブラウスと名づけました。

　木綿や麻の気持ちのよい布をたっぷり使ってつくります。かわいいみつばちブラウスを着て日本みつばちを飼うひとがふえるといいな。

　3月の中旬から6月の中旬までにあたらしい女王ばちが生まれます。すると古い女王ばちが巣別れします。そのタイミングをねらって、あたらしく巣箱にはいってもらえるように、お世話をします。

　巣箱にスムシ*がわかないようにきれいにして、はちみつや、ミツロウをぬったりします。

　森のあちこちに巣箱を30個ほどおいています。みつばちの一群が巣箱にはいると、ぐるりの果樹たちは笑いがとまらぬほど、鈴なりに実をつけます。けれども心配なことに2、3年まえからみつばちが激減しています。みつばちが受粉をしている植物はたくさんあり、みつばちがいなくなると食料危機が起こるだろうといわれています。みつばちがぶんぶん飛ぶ森を夢みて、みつばちブラウスをつくりましょう。

*ウスグロツヅリガやハチノスツヅリガの幼虫。巣を食い荒らし、ボロボロにしてしまうことがある。

みっつばちブラウスのつくり方

ロックミシンを使わないえりなしのシンプルさ

材料

① シャツ用の布* (110cm×160cm)
② そで用の布テープ (4cm×30cm)…2枚
③ えりぐり用の布テープ (4cm×70cm)…1枚
④ ボタン…4個
⑤ 刺しゅう糸
⑥ 手縫い糸太口

*今回は薄手の綿麻シーチングを使用。薄手の麻布でもよい。

1 シャツ用の布を裁つ

シャツ用の布を図のように折り、赤線部分を切る。広げるとそでが2枚、前身ごろが2枚、後ろ身ごろが1枚できる。

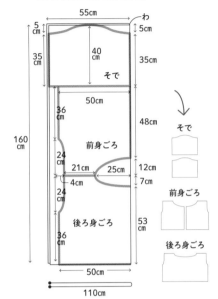

2 両肩を縫う

前身ごろと後ろ身ごろを図のように中表に合わせ、肩の赤い点線部分を縫う。折り伏せ縫いできるよう、後ろ身ごろを1cm下にずらす。縫いしろを中心にして開き、折り伏せ縫い(→p13「折り伏せ縫い」参照)する。

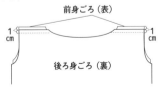

3 そで上にギャザーをよせる

図の赤い点線部分にギャザーをよせる(→p34「ギャザーをよせる」参照)。

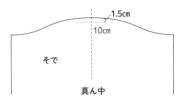

4 本体にそでをつける

図のようにシャツの本体部分の表にA、B、Cの印をつける。そでの裏にも同様にA'、B'、C'の印をつけ、Aの上にA'、Bの上にB'、Cの上にC'が重なるようおき、まち針でとめる。A'からB'、A'からC'にかけて縫う。

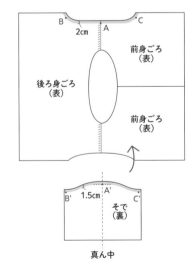

5 くるみ縫いする

本体側の縫いしろでそでの縫いしろをくるみ、きわを縫う(→p34「くるみ縫い」参照)。もう片方のそでも4、5と同様にしてつける。

6 そでから脇を縫う

図のようにそでと本体の布を中表に重ね、Dからそでの端と本体のすそに向かってそれぞれ赤い点線部分を縫う(写真)。5と同様にそでからすそに向かってくるみ縫いする。

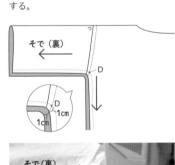

4で縫った縫いしろはそで側に倒して縫いつける

7 前立てをつくる

前身ごろの中心を表側に三つ折りし、赤い点線部分を縫う。ボタンとボタンホールをつける帯状の部分（前立て）ができる。

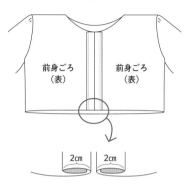

8 すそを縫う

すそを裏側に三つ折りして端を縫う。

前立て
前身ごろ（裏）

9 えりぐりにギャザーをよせる

えりぐりの端から1.5cm部分にギャザーをよせる（→p34「ギャザーをよせる」参照）。えりぐりを伸ばしたときに60〜65cm長さになるように調節する。

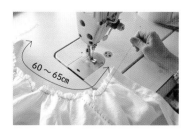

60〜65cm

10 えりぐりにテープをつける

本体のえりぐりとえりぐり用テープを重ねる。テープの両端の余った部分は前立てをくるむように折る。図の赤い点線部分を縫い（①）、テープを表に広げ本体ごと裏返す（②）。テープを本体の表面に三つ折りしてきわを縫う。

えりぐり　　テープ（裏）　　1.5cm

前立て｜前身ごろ（裏）｜前身ごろ（裏）｜前立て

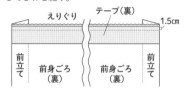

① 前身ごろ（裏）　テープ（裏）

② テープ（表）　前身ごろ（表）

11 そで口にギャザーをよせる

そで口の端から1.5cm部分にギャザーをよせ（→p34「ギャザーをよせる」参照）、そで口が24cm程度になるよう調節する。

12 そで口にテープをつける

そで口の裏側にそで用のテープの表を合わせる（①）。テープの縫い始めの部分は裏に1cmほど折り返す。そで口から1.5cm部分を縫う。テープを表に広げてそでごと裏返し、テープ同士をつなぎ合わせる（②）。テープをそでの表側に三つ折りして端を縫う（③）。

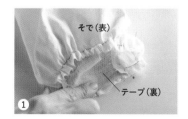

① そで（表）　テープ（裏）

② そで（裏）

13 ボタンをつける

前立ての左側にボタンを等間隔につける（①）。前立ての右側を重ね、上から順にボタンの大きさに合わせてまち針で印をつけ、ボタンが入るよう穴を縦に切る（②）。穴に合わせて四角くミシンを2周かける（③）。ほつれが気になるときは穴の周りをかがり縫いする。

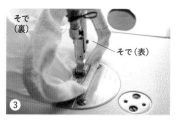

そで（裏）　そで（表）　③

① 前身ごろ

②

③

No

memo

ギャザーをよせる

ブラウスやまえかけにくしゅくしゅとギャザーをよせると
ふんわりと立体感が出ます。
ミシンでギャザーをよせることもできますが*
はじめての人は手縫いがおすすめです。

1 ギャザーをよせたい部分を刺しゅう糸でざっくりとなみ縫いする。

2 1で縫った片端の糸をひっぱって均等にギャザーをよせ、好みの長さにしたら玉結びしてとめる。

*ミシンですばやくギャザーをよせる方法
ミシンの目をいちばん粗くして素早く縫うと自然にギャザーがよる。できない場合は両端の下糸を手でひっぱればよい。両端とも返し縫いはせず、長めに糸を残して切る。ギャザーをよせたら端で玉結びしてとめる。

くるみ縫い

ブラウスのそでやズボンの脇などに使う縫い方で
ロックミシンを使わずにきれいに布の裏の始末ができます。
折り伏せ縫い（p13）と違って表にステッチが出ないので
すっきりとした仕上がりになります。

1 2枚の布を中表に合わせ、くるみ縫いできるよう1cmくらいずらして縫っておく。

2 縫いしろを開かず、長い方の縫いしろで短い方の縫いしろをくるむ。

3 もう一度たたむ。

4 重なった縫いしろの上をミシンで縫う。1を省いて2回折ってから一度に縫うだけでもよい。

野生パンツ

　子を産み母乳で育て、動物みたいなからだを知りました。現代文明のなかで便利な生活に飼いならされていると野生をなくします。生きるために、からだの野生感覚を呼び覚ますひつようがあると感じます。

　だからワイルドな道を選ぶんだと息子におそわった気がしました。

　それは5年まえのことでした。エジプトから陸路でイスラエル、ヨルダンを縦断し、トルコへ旅すると聞かされ、気が気じゃない。まいにち心配な３カ月をすごしました。

　シリア難民の子どもを援助する活動をしている田村雅文さんに会うための旅だという。子どものころから家族で旅をしながら、旅という学びがあるのだよとおしえてきたから、危険だとわかっていましたが、大人なので、とめることができません。「野生の直感力をはたらかせて」と伝え祈りました。ぶじにもどると、前よりたくましく成長していました。このことをわすれないように、野生パンツをつくりました。

　野生パンツは中東のイスラム圏の民族服のかたちです。布幅たっぷりのギャザーがいっぱいのパンツです。サルエルパンツのルーツです。股のぶぶんにゆとりがあるので、やわらかい生地でつくると夏もすずしく、着ると気持ちがいいのです。

◎野生パンツの着用写真はp23。

野生パンツのつくり方

ウエストはひもでしばればOK
股の始末も簡単です

材料

1. 木綿布*（100cm×170cm）
2. ひも（160cm）
3. 刺しゅう糸
4. 手縫い糸
5. ひも通し

*今回は片脇に耳がついたシーチングを使用。耳がない布を使う場合は、幅を2cm長くとり、最後にすそを三つ折りして縫うとよい。

1 生地を縫い合わせる

木綿布を折り伏せ縫いできるよう、1cmずらして図のように中表に折る。赤い点線部分を縫う。

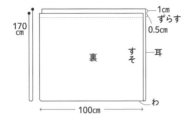

170cm
1cm ずらす
0.5cm
裏
すそ
耳
わ
100cm

2 折り伏せ縫いする

1の縫いしろを中心にして開き、手縫い糸で折り伏せ縫い（→p13「折り伏せ縫い」参照）する。

裏
耳

3 股の部分を切る

表に返し、図のように耳がすそ側にくるよう半分に折り、赤線部分を切る。

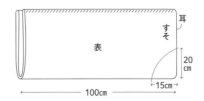

耳
すそ
表
20cm
100cm
15cm

4 股を袋縫いする

切ったあとをずらさないように開き、股の際を袋縫い（→右の「袋縫い」参照）する。

5 ウエストを縫う

ウエスト部分は図のように7cm幅の三つ折りにする。赤い点線の通り、きわをぐるりと手縫い糸で縫ってから真ん中の部分を縫う。

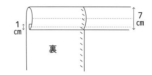

1cm
7cm
裏

6 ウエストにひもを通す

パンツに前後ろはないのでどちらかを前にし、前のウエストの中心部分に2カ所ひも通し用の穴をあける。穴の周りがほつれないよう、刺しゅう糸でかがる（①）。ひもを通し、ひもの両端を刺しゅう糸でぐるぐると巻く（②）。好みの絵を描いたポケットを縫いつけてもよい。

①

②

memo

袋縫い

股のように、すこし力がかかるところに使う縫い方です。
折り伏せ縫い（p13）と同様に、ロックミシンを使わずに布の始末ができます。

表

縫いしろが太くなってしまったときは、あとからはさみで切りそろえる

1 布の表から0.5cmほどの縫いしろで縫う。

2 裏返して、同じ箇所を1cmほどの縫いしろでもう一度縫う。

裏

36

子どもの
野生パンツの
つくり方

ウエストとすそにゴムを入れて
子どもが動きやすい形です

材料

❶ 木綿のダブルガーゼ（108cm×50cm）
❷ 布テープ（8cm×50cm）…2枚
❸ ゴム（0.5cm幅×80cm）
❹ ひも通し

1 生地を縫い合わせる

ダブルガーゼを図のように中表に折り、赤い点線部分を縫う。

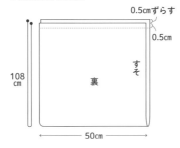

108cm
50cm
0.5cmずらす
0.5cm
すそ
裏

2 くるみ縫いする

縫いしろを2回内側に折り、きわを縫う（→p34「くるみ縫い」参照）。

3 股の部分を切る

表に返して図のように半分に折り、赤線部分を切る。

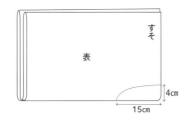

すそ
表
4cm
15cm

4 股を袋縫いする

切ったあとをずらさないように開き、股のきわを袋縫い（→左ページの「袋縫い」参照）する。

5 ウエストを縫う

ウエスト部分は図のように3cm幅の三つ折りにする。ゴムの通し口を3cmほど残して赤い点線のとおりウエストをぐるりと縫う。

3cm
3cm
裏

6 すそをつける

布テープとパンツのすそを中表に合わせ、端をぐるりと縫う（①）。パンツを表に返す。テープの短辺同士を縫い、つなぎ合わせる。このとき2.5cmほどゴムの通し口をあけておく（②）。テープを裏側に三つ折りしてパンツのすそに縫いつける（③）。もう片側のすそにも同様にテープをつける。

裏
① テープ（裏）
テープの端は1cmほど裏に折ってからつける

② テープ（表）
表
ゴム通し口はあけておく

裏
③

7 ゴムを通す

40cmに切ったゴムをウエストに通し、20cmに切った2本のゴムを両側のすそに通す。好みでポケットをつける。

サイズは小学校低学年の子どもが使える大きさ（左）。股下を長くしたり、すそに布テープやゴムをつけずにつくってもよい（右）

子どもの服つくりのこと

子どもの服は、ちいさな布とちょっとしたスキマの時間でつくれます。すぐに着せられて、うれしいのでつい夢中になってたくさんつくってしまいます。

おうちの中がとっ散らかっていても、ごはんのおかずができなくても、子どもを寝かしてからも、つくっていました。

そうやって、ちくちくと縫った服を着せたことが、すばらしい思い出になっています。そのころつくった子ども服は大切に残してあって、今こっそり、ひとりで見つめています。ああ、こんなにちいさな時代があったのだとなつかしいです。

子ども服はあまり布やちいさな布をためておいたり、大人の服からすぐにつくれてしまいます。うまくできなくても、ヘタでも、お直ししたり、つくろったり、かわいいのですぐまたつくりたくなります。

双子の男の子のいる友だちからたくさんのお古をもらっていたので、子どもの服を新しく買う必要はなかったけれども、じぶんの子どものために服をつくるのは、特別な想いがあって楽しかったのです。

きっとわたしもそうやって母の手づくりの服を着せてもらって、育ったからです。

子どもが4歳くらいになったとき、いっしょに服をつくりました。子どもは大人のすることをすぐ真似て、ちくちくすることをおぼえました。針は先の尖っていない刺しゅう針を使いました。

梅雨の季節には、洗濯物が乾かなくて困ったので、子どものもんぺをいっしょに縫って、さながらもんぺ工場のようになりました。

子どもが幼いうちに親のつくる姿を見ていると、知らないうちにつくる楽しみが伝わり、ものがなくても未開の地にくらすひとみたいにつくったり工夫して自然とブリコラージュするようになります。

子どもが墨で絵を描いたシャツ（上）。着物の古布をつなげたシャツ（中）はタイの農民服の子ども版。布用クレヨンで描いてからアイロンをかけた子どもの野生パンツ（下）。大きめにつくれば、おむつを替えるときにも便利

畑もんぺ

ちいさな畑を耕し、草刈りする、畑で着るための日常着がほしくて、もんぺをつくりはじめました。もんぺはにっぽんの農民服です。

　もんぺの由来はアイヌ語のオムンペ、はくものという言葉からきているるらしい。または東北のマタギ文化から伝わったという説もあるようです。狩猟採集生活者のマタギの山袴（やまばかま）がサルマタやサルッパカマ、モモヒキ、モッペ、モンペになって広まっていったというように。

　村のおばあさんがもんぺをはいているので「見せてください」と声をかけました。すると、いきなり脱ごうとするので、おどろくと下にもう1枚もんぺをはいておられました。

　田んぼの農作業でどろんこになると1枚脱いで、また作業するのです。この話を陶芸家で夫のテッペイにすると、ろくろをひくときに、もんぺを2枚はくようになりました。

　わたしの日常着は、もんぺをはき、スカートをはいて、さらにまえかけをぐるりとしめます。下半身があたたまり、ひもをしめることで、丹田（たんでん）にちからがこめやすくなります。

　もんぺは、天然自然のもの、木綿や麻やウールの布でつくります。

　棚田の上にある果樹園や「ガンジー畑*」や「カディ畑」や「スーダラ畑」への行き来では、はしごをのぼったり、おりたりします。草刈機や耕耘機（こううん）をつかってどろんこになります。それでももんぺは動きやすくて、すそがしぼってあるので虫やへびからも身をまもれて安全です。くらしのなかで、衣服をつくることが、わたしのしごとです。いまも全国各地で展覧会をひらいていますが、衣服をつくりはじめて40年、いちばんたくさんつくっている衣服がもんぺなのです。わたしのライフワークそのものです。

*畑に名前をつけて呼んでいる。ほかにもブータン畑、ラブミー畑、ティク・ナット・ハン畑など。

畑もんぺのつくり方

一枚の布を無駄なく使う
すそやポケットはお好みで

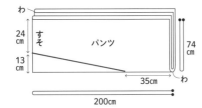

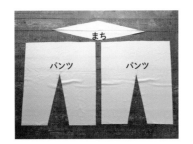

材料

❶ 麻布*（74cm×200cm）
❷ ポケット用裏布（20cm×23cm）
❸ 布のかけら（ポケット、すそ**、背守り用）
　…たくさん
❹ ボタン
❺ ゴム（0.8cm幅×75cm）…2本
❻ ミシン糸60番、手縫い糸太口

*麻布でつくると丈夫で風通しがよくなる。目の詰まった綿（久留米絣など）でもよい。ルームウエアにするならダブルガーゼを使うと気持ちがよい。

**すそ用の布のかけらは、4cm幅のものを使う。

1 布を裁つ

麻布を四つ折りにし、図の赤線部分を切る。すその「わ」の部分を切って開くと、写真のようにパンツが2枚とひし形のまちが1枚できる。

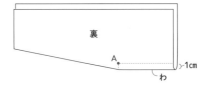

わ
24cm
すそ
13cm
パンツ
74cm
わ
35cm
200cm

まち
パンツ　パンツ

2 股上を縫う

パンツの1枚を図のように半分に折り、「わ」の部分を縫いしろが1cmになるように赤い点線部分を縫う。Aの角は直角にして3〜4回縫うと頑丈になる。

裏
A
1cm
わ

裏
A

3 股上を押さえ縫いする

パンツの表を上にして広げる（①）。ウエスト側から縫いしろを押さえ縫いし、Aから3cmほど残して縫う（②）。もう1枚のパンツも2、3と同様に縫う。

表
A
1

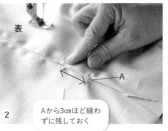

表
A
2

Aから3cmほど縫わずに残しておく

4 まちをつける

図のように、パンツの1枚のすそを両側に広げ、まちを0.5㎝ほどずらして下におく。パンツの**A**とまちの**B**を合わせてまち針でとめ（写真上）、**A**から両すそに向かってそれぞれ縫う。

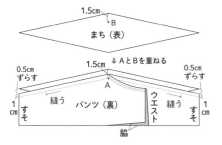

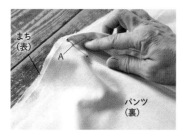

片方のパンツにまちがつきました！

5 まちを折り伏せ縫いする

パンツとまちの縫いしろを中心にして開き、折り伏せ縫い（→p13「折り伏せ縫い」参照）する。

6 もう1枚のパンツをつける

もう1枚のパンツにも4、5と同様に縫ってまちをつける。まちを2枚のパンツに縫い合わせると展開図のようになる。

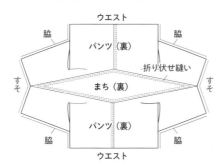

7 両脇を縫う

パンツを図のように合わせ、一方のパンツの脇を0.5㎝ほど内側にずらして赤い点線部分を縫う。内側にずらしたパンツが後ろになる。5と同様に縫いしろを中心にして開き、折り伏せ縫いする（写真）。

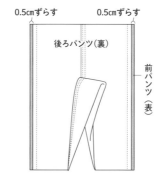

8 ウエストを縫う

ウエスト部分は図のように5㎝幅の三つ折りにする。片脇にゴムの通し口を3㎝ほど残して、赤い点線の通り、ウエストをぐるりと2周縫い、ゴムが2本通るようにする。

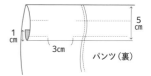

上下にゴムが通せるよう、すき間をあけておく

9 つぎはぎテープをつくる

すそ用の布のかけらを中表に合わせて端を縫い合わせてつなげ、35㎝ほどの長さのテープを2本つくる。

10 すそにテープをつける

パンツのすそとテープを合わせ、すそにタックをよせながら端をぐるりと縫う（①）。テープを表に広げて短辺同士を縫い、つなぎ合わせる（②）。テープをパンツの表側に三つ折りしてパンツのすそに縫いつける（③）。

> 縫い始めは端を0.5cmほど折っておく

11 ポケットをつける

9と同様に布のかけらを縫い合わせ、20cm×23cmのポケット用の表布をつくる。ポケット用裏布と中表に合わせ（①）、返し口を5cmほど残してぐるりを縫う。表に返して返し口を縫い合わせる（②）。前パンツの右側にあてて、ポケット口を残してきわを縫いつける（③）。

12 背守り布をつける

9と同様に布のかけらを縫い合わせ、6cm×7cmの背守り布をつくる。4辺の端を内側に折り込んで、後ろパンツにあて、縫いつける（写真）。刺しゅう糸でステッチを入れたり、ボタンをつける。

13 ゴムを通す

75cmに切ったゴムをウエストに2本通す。

◎10でタックをよせずにつくってもよい。その場合、9で50cmほどのテープをつくる。

◎p40のようにウエストにベルト布をつける場合は、股上を浅くつくり、幅12cm×長さ74cmのつぎはぎテープをつけてから8を行なう。

44

お父さんの
チノもんぺのつくり方

夫のテッペイさんに長年つくってきたもんぺ。
畑もんぺではかわいすぎる、という方にもおすすめの形です。
ポケットを先につけておく以外は畑もんぺのつくり方とほぼ同じ。
綿ツイルの裏を表に使うことでチノパンのような雰囲気になります。

材料

- 厚手の綿ツイル*（74㎝×200〜220㎝）
- ポケット用の布（40㎝×20㎝）…2枚
- ゴム（0.8㎝幅×150㎝）
- ミシン糸60番、手縫い糸太口

*布の裏を表として使うと、ほどよい光沢感と上質感が出てチノパンツのような見た目になる。

1 布を裁つ

畑もんぺの1と同様に布を四つ折りにし、赤線部分を切る。

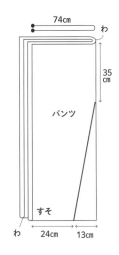

74cm
わ
35cm
パンツ
すそ
わ
24cm
13cm

2 ポケット口を折る

パンツの1枚を図の赤い点線部分で裏側に折る。そのまま端を三つ折りし、きわを縫う。

5cm　5cm
35cm　前パンツ（表）　35cm

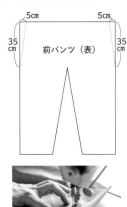

3 ポケットをつける

パンツを裏に返し、ポケット用の布が角にくるようパンツにあてる。図の赤線部分だけ内側に折り込み、赤い点線部分を縫ってパンツにつける。

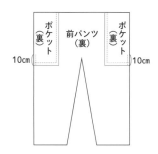

ポケット（裏）　前パンツ（裏）　ポケット（裏）
10cm　10cm

◎これ以降のつくり方は畑もんぺの2〜8と同じ。すそは内側に三つ折りしてぐるりと縫う。ゴムを2本通してできあがり。

柿渋染めエプロン

はじめて韓国へ旅したとき、柿渋染めの麻の農民服を古道具屋で見つけました。強くて、たくましく、どうどうとした、うつくしい柿渋染めのふうあいに、すっかり目をうばわれました。ほころびたり弱くなったりする農民服をなんども染め直しているんです。染め直してパリッと強くしたり、つくろったり、農民の衣服への思いが伝わってきました。

　すこしまえの社会では、世界のあちらこちらで、経済に無縁の民族服や農民服が、つくろったり染め直ししながらたいせつに着られていました。愛着をもって長く着るために最適なのが、布をじょうぶにする柿渋染めです。

　そして、わたしのまいにちの畑しごとや台所しごとやちくちくしごとにひつようなのが、エプロンです。このエプロンを韓国で見た柿渋染めで、つくってみたくなりました。

　わたしはしごとをするときに、われをわすれて集中するので、いつもからだじゅうが、土やごはんや布にまみれてしまいます。でもこんなしごとのしかたが、わたしらしくてとても好きです。まみれて、まみれて、大好きな自然のなかで手をうごかしている幸せを感じ、はじめて生きていることを実感できるからです。

　うつくしい国フランスでは、エプロンのことをタブリエといいます。ここでも農民や仕立て屋さんやたべもの屋さん、だれしもが、思いっきりしごとできるような、厚手のたのもしいタブリエをつけています。

　エプロンは、わたしのからだを日々おおってくれるので、わたしのひふのいちぶのようになっています。朝、エプロンのひもをしめると、さあしごと！という元気がおなかのそこ、丹田からわいてでてきます。

柿渋染め エプロンのつくり方

太陽の光で色が定着するので晴れの日をねらいます

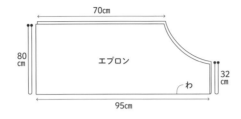

材料

❶ エプロン用の麻布（80cm×95cm）
❷ ポケット用の帆布（24cm×15cm）…2枚
❸ 首ひも用の麻布（5cm×55cm）
❹ 腰ひも用の麻布（5cm×115cm）…2枚
❺ 柿渋*…200㎖＋100㎖
❻ 刺し子糸
❼ 万能ニス用ハケ
ほか、バケツ、ベニヤ板（あれば）など

*柿渋はホームセンターやインターネットなどで購入可能。今回使用したのは、「波多野漆工房」の木工用の柿渋（2ℓ 2870円）。

---

1 布を裁つ

エプロン用の布を縦半分に折り、図のように切る。

```
        70cm
   ┌─────────────┐
   │              ＼
80cm│   エプロン     ＼__ 32cm
   │                  │  わ
   └──────────────────┘
        95cm
```

2 柿渋を塗る・乾かす

柿渋200㎖をバケツに入れる。ハケで1の布の表面に柿渋を塗る。塗るときは床が汚れないようにベニヤ板などを敷くとよい。塗り終わったらハケとバケツはすぐ水洗いする。天気のよい日に3、4日間、陽にあてて乾かす。

乾燥中に水滴がつくとシミになるので雨に注意する

3 もう一度塗る・乾かす

乾いた布の表面に2と同様に柿渋を塗り、3、4日間、陽にあてて乾かす。このとき使う柿渋の量は100㎖程度。色を薄めにしたいときは、柿渋に水を30㎖ほど足してから塗るとよい。

4 まつり縫いをする

3の布の端を裏側に向かって三つ折りし、刺し子糸でぐるりとまつり縫い（またはなみ縫い）する。下に布の耳がくる場合はまつり縫いをせずそのままにしておいてもよい。

エプロン（裏）

5 ひもをつくる

首ひも用の布を観音折りし、きわを縫ってひもをつくる（→右ページ「観音ひも」参照）。腰ひも用の布も同様にして縫い、計3本のひもをつくる。

6 ひもをつける

図のようにエプロンにひもをつける。首ひもはエプロンの表面から（写真）、腰ひもは裏面から縫いつける。

首ひも
腰ひも
腰ひも
エプロン（表）

波多野漆工房／香川県高松市太田下町2501 ☎ 087-866-1643

7 ポケットをつける

ポケット用の布の短辺の片方を裏側に向かって三つ折りして縫う（①）。ここがポケット口になる。残りの3辺の端を裏側に折り、エプロンにあてる。3辺のきわを縫ってエプロンにつける（②）。

ポケット（裏）

1

ポケット（表）

②

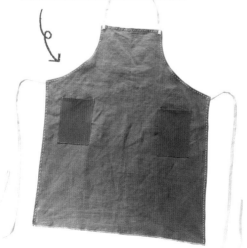

観音ひも

ひと口にひもといってもさまざまです。観音折りでつくるひもは基本のかたち。見た目もシンプルで簡単につくれます。

裏

1 布の短辺を裏側に折る。

表
表

2 長辺を合わせて半分に折って真ん中に折り目をつける。長辺の上下を真ん中の折り目に向かって折り、真ん中で再度折る。

3 アイロンをかけるか、爪アイロンでぐしぐししてくせをつけてからきわを縫い合わせる。

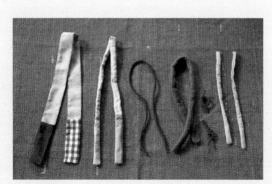

大小さまざまなひも。同じひもでも観音ひもや袋ひも（p54）など、つくり方を変えたり、幅や布を変えることでさまざまな表情になる

ふらんす風エプロンの
つくり方

一枚布にひもをつけただけ。
フランスのタブリエにヒントを得た
簡単につくれるエプロンです。
柿渋染めした布でつくってもよいです。

材料

❶ キャンバス布や柿渋染めした布（80cm×93cm）
❷ 首ひも用の綿テープ（2cm幅×80cm）…2本
❸ 腰ひも用の綿テープ（2cm幅×45cm）…2本
❹ カタン糸30番、刺しゅう糸

1 まつり縫いする

柿渋染めエプロンのつくり方4と
同様に、布の端を裏側に三つ折
りし、カタン糸でぐるりとまつり
縫い（もしくはなみ縫い）する。

2 エプロンに ひもをつける

図のように横長に広げたエプロ
ンにひもをつける。首ひもはエ
プロンの長辺の表面から、腰ひも
は短辺の裏面から刺しゅう糸で
縫いつける。

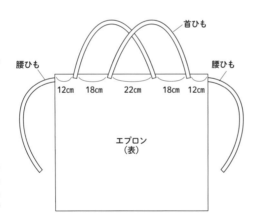

首ひも
腰ひも 　　　　　　　　　　　　　 腰ひも

12cm　18cm　22cm　18cm　12cm

エプロン
（表）

50

柿渋染めのこと

　高知の山では穀物に虫がつく7月のおわりごろ、すべての穀物をかきあつめて、お醤油をつくります。この季節に近所にお醤油つくりを習いにでかけると、ちょうど、どこの家でも庭の青い渋柿で柿渋をつくっています。

　青柿をとってきて石臼でとんとんとつぶし、井戸水をいれて、甕で発酵させると柿渋ができあがります。お醤油をつくる道具ぜんぶに柿渋を塗ります。防腐や防水、防虫作用があるから、カビなどがはえなくなるそうです。からりとした柿渋染めの服を着ているとからだがよろこび、のびやかになる気がします。

右から左へ。麻布、柿渋を1回塗って乾かした麻布、2回塗って乾かした麻布。厚く塗れば塗るほど色が濃くなり布もパリッと頑丈になる

かっぽう着

　村の集まりでごちそうを用意するとき、高知では、おおきな一皿におさしみから鯖寿司からデザートまでをのせて、おもてなしする習慣があります。「皿鉢」と書いて皿鉢料理とよんでいます。だいたい4人で一皿鉢。村ではこの皿鉢料理を囲んで、お酒を飲むことがおおいです。

　女のひとたちは、みんなかっぽう着を着て準備します。あるとき、かっぽう着を持っていないのでふだんの服で行ったら「貸してあげるき、着てみいや」と貸してくれる人がありました。かっぽう着を着るとなぜだか、着た瞬間から、からだがばりばりはたらけるようになるのが不思議でした。鏡で見るといつものわたしじゃないひとになっています。

　まるで昭和レトロなかっぽう着。それは女のひとたちの制服のようでもありました。タスキをすると戦時中のようなスタイル。やっぱり時代も令和にかわっているので、いまの時代にあうようなおしゃれな麻のかっぽう着ができないかと想いをめぐらしました。

　たまたまつくっていた中国の山岳少数民族のペー族の上着をまえとうしろを反対に着てみました。するとなんと、すてきなかっぽう着に！　かっぽう着にもなるし、上着にもなります。フランスを旅したときに、いつもの服をすっぽりおおう、タブリエを着ているのを見かけました。まるで日本のかっぽう着のような存在です。

　服の仕立て屋さんやチーズ屋さんや肉屋さんもタブリエを着て、しごとをしています。そう、着ることで、気持ちがしごとモードに切り替わり、いつものじぶんじゃないひとに変身することのできる服。かっぽう着ってそういうものでもあるのです。

かっぽう着のつくり方

二枚の布をつなげてつくる
そでをつけないので簡単

材料

❶ かっぽう着用麻布（60cm×160cm）…2枚
❷ ポケット用麻布＊（20cm×24cm）…2枚
❸ ひも用麻布（5cm×30cm）…2枚
❹ つぎはぎテープ用の布のかけら（4cm幅）
　　…たくさん＊＊
❺ 刺しゅう糸

＊今回は短辺の片側に耳がついている布を使用。
耳のない布を使う場合は、2cm長くとり、三つ折り
して縫ってから使う。

＊＊端をつなぎ合わせて80cm長さのテープが3枚と、
160cm長さのテープが1枚できるようにする。

1 布を裁つ

かっぽう着用麻布2枚を重ね、図の赤線部分を切る。写真のような布が2枚できる。前身ごろと後ろ身ごろの区別はないので、どちらかを前身ごろとする。

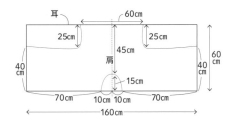

耳
60cm
25cm　25cm
45cm
40cm　40cm　60cm
肩
15cm
70cm　10cm 10cm　70cm
160cm

肩
後ろ身ごろ
前身ごろ
肩

2 前身ごろの中心を縫う

裁断した2枚の布を中表に合わせる。前身ごろの中心を折り伏せ縫いできるよう、0.8cmずらし、首元からすそに向かって縫う。

前身ごろ（裏）

3 折り伏せ縫いする

2の縫いしろを中心にして開き、刺しゅう糸で折り伏せ縫い（→p13「折り伏せ縫い」参照）する。

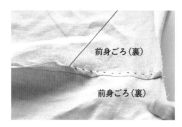

前身ごろ（裏）

前身ごろ（裏）

4 そでから脇を縫う

図のように前身ごろと後ろ身ごろを中表に重ねる。前身ごろを1cmほど内側にずらし、そでから脇の赤い点線部分を縫う。

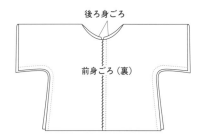

後ろ身ごろ

前身ごろ（裏）

5 くるみ縫いする

後ろ身ごろの縫いしろで前身ごろの縫いしろをくるみ、脇のきわを縫う（→p34「くるみ縫い」参照）。

6 つぎはぎテープをつくる

テープ用の布のかけらを中表に縫い合わせ、80cm長さのテープ3枚と160cm長さのテープ1枚をつくる。

布のかけらの端を縫い合わせながらつないでいく

7 背とすそにテープをつける

背の中心の両側に80cm長さのテープをそれぞれつける。片側の背とテープを合わせ、首元からすそに向かって端を縫う（①）。表に返してテープを身ごろの表側に三つ折りし、縫う（②）。同様にしてすそに160cm長さのテープをつける（テープの両端は1cm折り返してからつける）。

後ろ身ごろ（裏）
テープ（裏）
①

テープ（表）
後ろ身ごろ（表）
②

8 ひもをつくる

ひも用麻布を図のように折り、赤い点線部分を縫ってから表に返す（→右の「袋ひも」参照）。

麻布（裏）

9 首回りにテープをつける

首回りに80cm長さのテープを合わせ、端をぐるりと縫う（①）。表に返し、テープの端にひも端を重ねる（②）。ひもの端を巻き込みながらテープを三つ折りし（③）、首回りに縫いつける（④）。反対側にも同様にしてひもをつける。

後ろ身ごろ（裏） テープ（裏）

① テープの端は0.5cmほど折り返してから縫い始める

後ろ身ごろ（表） テープ（裏）

②

テープ（表）

③

④

10 ポケットをつける

ポケット用麻布を前身ごろと後ろ身ごろの中心にくるようにおく（①）。耳がついている部分がポケット口になるようにする。ポケット口以外の3辺の端を内側に折り、ぐるりと縫う（②）。

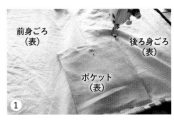

前身ごろ（表） 後ろ身ごろ（表）

ポケット（表）

①

②

後ろ前にはおってもよいです

memo

袋ひも

このひもは和服などに使うつくり方。縫いあとが見えず、立体的な仕上がりです。

裏

1

中表に折った布を袋状に縫ったら閉じている側の端に菜箸などの長細い棒をあてる。

表

2

棒を袋の口に向かって押し入れながら表に返す。

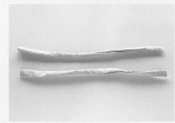

3

できあがり。

◎ひもを細くつくりすぎると表に返すときに棒が入らなくなるので注意する。

農婦のまえかけ

わたしの大好きなおばあちゃんたち、父方の酒屋のおばあちゃんと母方のハンコ屋のおばあちゃん。

ふたりとも藍染めの縞など木綿の着物でつくった大きなふろしきのようなまえかけをしていました。

その大きなまえかけにせんべいやあられやお菓子の袋をいっぱいかかえてわが家にやって来ました。まえかけにいっぱいお菓子をいれて、両方のすそを持つ、そのしぐさを覚えています。

おばあちゃんたちは家のうらの畑で野菜や果樹をつくっていました。そのむかしお米以外の野菜や果樹、たべものは家族で自給自足するのがあたりまえでした。収穫するときは、もっぱら、まえかけが中心でした。

種みたいに、よいところは次の世代に伝わり継がれます。種がよいところを次世代に伝え継いでいくように、おばあちゃんたちのまえかけの習慣がわたしに伝わり、毎日まえかけをぎゅーっとしめて畑にでかけます。腰のまわりにないと、こころがおちつきません。温かいし、土にまみれても、絵の具がついてもだいじょうぶ。畑でも台所でも布しごとでも大活躍です。畑の収穫物はまえかけにいれて、ひもでくるりとまるめて持ち帰ります。

ミレーの「落穂拾い」の絵のなかの農婦もまえかけをしています。農婦はけっして華やかなかっこうではありませんが、働く所作やまえかけの自然な着こなしから「うつくしい」と感じました。それからは畑しごとをするときも「うつくしい」衣服で！というのが、こころえになりました。

マイバッグを忘れたときにも、さっとまえかけをはずし、大きなふろしきのように買ったものを包んでひもをくるくるすれば、かわりになります。

農婦のまえかけのつくり方

一枚布にギャザーをよせ
ひもをつけるだけ

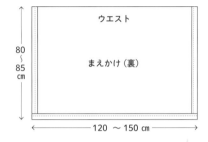

材料

❶ まえかけ用麻布（幅120〜150cm*×長さ80〜85cm）
❷ ひも用麻布（5cm×224cm）
❸ 刺しゅう糸（5番）や刺し子糸など太い糸

*布幅を生かして耳から耳まで使うと無駄がでず、裁断も楽。幅は広ければ広いほどギャザーがたっぷりとよる。

1 3辺を三つ折りする

図のようにまえかけ用麻布の端3辺を三つ折りしてからぐるりとミシンで縫う。手縫いでまつり縫いかなみ縫いしてもよい。

```
              ウエスト

80〜85cm      まえかけ（裏）

        ← 120 〜 150 cm →
```

耳から耳まで使う場合は、両端は縫わずにそのまま耳を生かしてもよい

2 ギャザーをよせる

ウエスト（三つ折りしていない1辺）の上から0.5cm部分にギャザーをよせ（→p34「ギャザーをよせる」参照）、幅40cmにして玉結びしてとめる。

```
   ← 40cm →    0.5cm

        ウエスト

      まえかけ（裏）
```

3 ひもをとりつける①

ひも用麻布を図の赤い点線部分で折り、アイロンで折り目をつけたら開く。まえかけ用麻布のウエストの中心にひも用麻布の中心を合わせてまち針でとめ、中心から左右の端に向かって上から0.8cm部分を縫う。縫い終わりは2、3回返し縫いをして丈夫にする。

```
ひも（裏）      中心          2.5cm
                             2.5cm
ひも（裏）    縫う 縫う  0.8cm  谷折り↓
               中心
            まえかけ（裏）
```

4 ひもをとりつける②

3の縫い目のきわを爪でしごく（①）。ひも用麻布を3でつけた折り目に合わせて折ってから裏側に0.8cm折ってまえかけ用麻布の端を包み込むようにし、きわを縫う（②）。

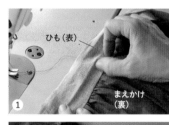

ひも（表）
まえかけ（裏）

❶

まえかけ（表）
ひも（表）

❷

5 ひものしまつをする

ひも部分は3でつけた折り目に合わせて観音折りし、きわを縫う（①）（→p49「観音ひも」参照）。先端は内側に折ってから縫う（②）。

ひも（表）

❶

❷

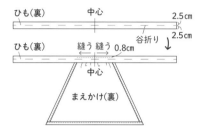

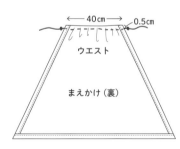

かばんと袋
ちくちくぞうきん

あずま袋
縄文ポシェット
旅かばん
ちくちくぞうきん

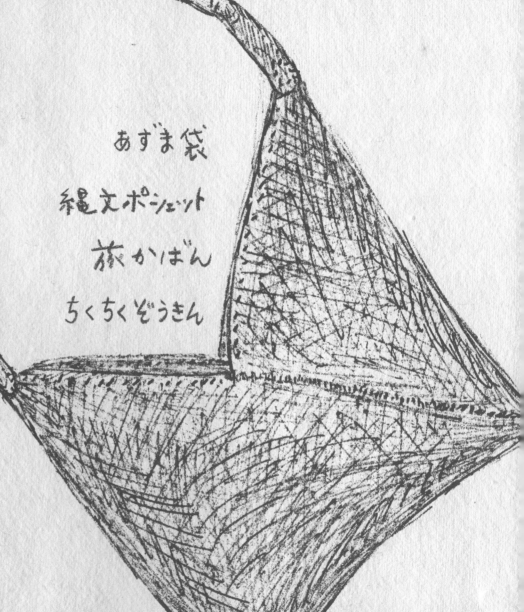

旅かばんと

縄文ポシェット

旅が大好き。ちいさな子どもを連れて、アジアの旅になんどもでかけました。旅することがわたしのちくちくしごとをつくってきました。布をさがし求めて、タイのバンコクのチャトゥチャックという週末マーケットにもよく行きました。

　ここはスリが多いので有名です。でも旅かばんがあったからでしょうか。いちどもスリに遭ったことがありません。だいじょうぶでした。

　着ている服の下に旅かばんをななめがけします。すると子どもを抱っこしながらおさいふをとりだしたり、両替でパスポートをだしたりするとき、こっそりできます。

　衣服とおなじ麻布なので、かばんをさげてるようには見られません。

　旅かばんに赤ちゃんをすっぽりいれると、布の旅かばんとからだのいったい感がすばらしくて安心です。

　いまでは果樹園や畑へもかばんをさげてでかけます。種の袋やちいさな鎌(かま)や鉈(なた)、収穫したナスやピーマンなど野菜をいれます。山へ行くのなら栗や山菜や木の実やきのこなど採集したものをどんどんいれられます。

　縄文ポシェットは『野生のおくりもの』という本の取材で縄文人がどんぐりを集めて食べていたときいて、ちいさな実を採集するかばんとして名づけました。2018年に縄文ポシェットをつくるワークショップで全国をまわったとき、東京国立博物館の縄文展で、木の皮でできたホンモノの縄文ポシェットを発見。

　なかには7000年前の縄文人が採集した炭化したくるみがはいっていたからおどろきです。わたしたちも縄文ポシェットをさげてくるみ採りにでかけましょう。

脇やひもを手縫いすることで
丈夫なかばんに

旅かばんのつくり方

材料

❶ かばん用の麻布（45cm×75cm）
❷ ひも用の麻布（10cm×60cm）
❸ ひも用の布のかけら（10cm×15cm）…2枚
❹ 刺しゅう糸

1 両脇を縫う

かばん用の麻布を中表にし、折り伏せ縫いできるよう、0.5cmずらして図のように折る。赤い点線部分を縫う。

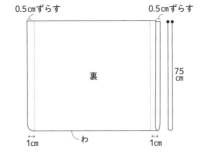

0.5cmずらす　　0.5cmずらす
裏
75cm
1cm　　わ　　1cm

2 折り伏せ縫いする

袋を表に返す。1の縫いしろを中心にして開き、刺しゅう糸で折り伏せ縫い（→p13「折り伏せ縫い」参照）する。

裏　　表

3 かばんの口を縫う

かばんの口を裏側に三つ折りし、刺しゅう糸でまつり縫いか、なみ縫いする。

表　　裏

4 ひもをつなげる

肩ひも用の麻布の両端に布のかけらをつけ、1本のひもにする。一度中表に合わせてから端を縫ってつなげる（写真）。

麻布（表）
布のかけら（裏）

5 ひもをかがり縫いする

つなぎ合わせたひもは、表を下にして開き、布の端4辺を0.5cmずつ内側に折り込む（①）。ひもの長辺同士を合わせて折り（②）、3辺を刺しゅう糸でかがり縫いしてとじる（③）。

裏
①

表
②

③

6 ひもをかばんにつける

ひもの両端をかばんの両脇に刺しゅう糸で縫いつける。

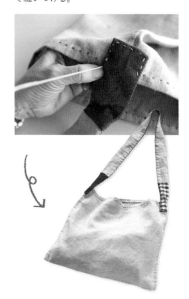

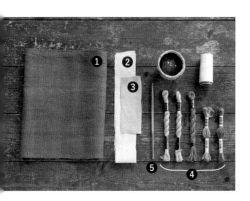

反物をぱたりぱたりと折ってつくる 縄文ポシェットのつくり方

材料

❶ 袋用の厚手の反物*（幅38cm×長さ108cm）
❷ ひも用の麻布（6cm×65cm）
❸ ひも用のベッチン（6cm×15cm）
❹ 色違いの刺しゅう糸…4〜5組
❺ 菜箸などの細長い棒

*両脇に耳がついている麻の反物を使用。耳のない布を使う場合は、幅を2cm長くとり、両脇を三つ折りして縫ってから使う。

1 布の両端をまつり縫いする

袋用の布の両端を裏側に向かって三つ折りし、図の赤い斜線部分を刺しゅう糸でまつり縫いか、なみ縫いする。

耳
裏
耳
0.5cm   0.5cm

2 布を折りたたむ

布を広げ（①）、写真のように折りたたみ（②、③）、袋の形にする（④）。

裏
①

表
②

③

表
④

3 かがり縫いする

布が重なった部分（前と後ろの2辺）をまち針で合わせてとめ（①）、刺しゅう糸でかがり縫いする（②）。目を細かく縫い、途中で糸の色を変えると仕上がりが楽しくなる。

まち針
①

②

4 ひも用の布をつなげる

ひも用の麻布とベッチンを中表に合わせ、端を縫ってつなげる。

ベッチン（裏）

5 ひっくり返してひもにする

つなぎ合わせたひも用の布を図のように折り、赤い点線部分を縫ってから菜箸などで表に返す（→p54「袋ひも」参照）。

わ
麻布（裏）
ベッチン（裏）

6 ひもをつける

ひもの両端を袋の両端に刺しゅう糸で縫いつける。

旅茶わん袋

わたしの夫、陶芸家であるテッペイさんは、旅にでかけるとき、ホテルの味気ない白い器やプラスチックのカップを使うのがいやで、じぶんのつくったお気に入りの焼きもののカップをいつも、かならず持っていきます。

　飛行機で機内持ち込みしてまで持っていくのは、旅先でおいしいコーヒーを毎朝いただくため。おいしさには、器もだいじです。

　このカップを持ち歩くために、布の袋にいれると、割れる心配がなくて安心です。そのために、旅茶わん袋を2種類つくりました。

　ひとつは、お茶道具の仕覆のつくり方からヒントを得た旅茶わん袋。もうひとつは、花びらのようなかたちの袋です。こちらのほうがつくり方がかんたんです。でかけるときにお弁当や水筒とともに持ち歩くと、お茶のじかんがわくわくとまちどおしく、うれしくなります。お茶わん（カップ）だけじゃなく、お弁当やちいさな塩壺、梅干し壺を持ち歩くときにも袋として使うと楽しいです。

　知り合いの方が病気で入院されたとき、この旅茶わんに救われたというのです。無機質な病室の生活のなかで、たったひとつの有機的な旅茶わん袋と旅茶わん。土からできた焼きものの湯のみとちくちく縫った袋が、彼の気持ちによりそって支えてくれたのでしょう。

　わたしとテッペイさんの手から生まれたものつくり。毎日ふれたり、さわったりするうちに、わたしたちの気が、土や布から伝わったのかな。そしてからだとこころに生命エネルギーをもたらしてくれたのかもしれません。旅茶わんをつくったわたしやテッペイさんにとって、このうえないよろこびでした。

布を重ねて角を折り
ひもを通せば袋になります

花びら代布のつくり方

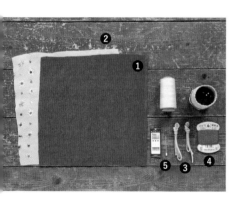

材料

材料

❶ 厚手の布*（30cm×30cm）
❷ 薄手の布*（30cm×30cm）
❸ ひも（65cm）…2本
❹ 手縫い糸太口
❺ ひも通し

*ここでは厚手の布にベッチンを、薄手の布にインドのサリーの布を使用。

1 2枚の布を縫い合わせる

厚手の布と薄手の布を中表にし、返し口を10cmほど残してぐるりを縫う。

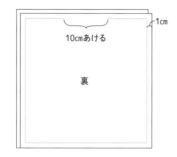

10cmあける

裏

1cm

2 ひっくり返す

返し口からひっくり返して中の布を引き出す（①、②）。四隅は針などでしっかり出す（③）。あいている返し口の部分は手縫い糸で「コ」の字とじする（p70の図参照）。

①

2

3 4つの角を折る

薄手の布を下にしておき、図のように、4つの角を厚手の布の側に折り、赤い点線部分を縫う。

③

薄手の布

厚手の布

1.5cm

10cm

10cm

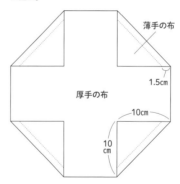

4 ひもを通す

ひも通しで4辺にひもを通す。反対側からもう1本のひもを通して結ぶ。

◎ 40cm×40cmの布2枚と80cmのひも2本で大きくつくれば弁当を入れる袋にもなる。

65

<h1>しふく風 旅茶わん仕えのつくり方</h1>

ちくちく手縫いすることで
味わい深い表情に

<h2>材料</h2>

❶ 表地用の麻布とさらし（18cm×32cm）
　…各1枚
❷ 裏地用の木綿布（18cm×32cm）
❸ ループ用のベッチン（3cm×50cm）
❹ ひも（42cm）…2本
❺ 飾り用のたから貝とビーズ（ボタンでもよい）
　…各1個
❻ 刺しゅう糸
❼ ひも通し

<h2>1 表地の布をちくちくする</h2>

麻布とさらしを重ね、まち針でとめる。刺しゅう糸で全体を縦になみ縫いし、好きな間隔で縫う。できあがりは麻布が表になる。

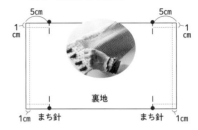

<h2>2 ループ用のひもをつくる</h2>

ループ用の布を観音折りし、きわを縫ってひもをつくる（→p49「観音ひも」参照）。

<h2>3 ループをつける</h2>

ひもを8等分し、それぞれを半分に折る。1の麻布におき、写真上の点線部分を縫う。

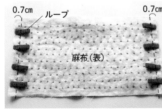

<h2>4 裏地を縫いつける</h2>

3の上に裏地用の木綿布を中表に重ねる。図のように端から5cm部分にまち針を4本つけ、赤い点線部分を縫う。

5cm　5cm
1cm　1cm
裏地
1cm まち針　まち針 1cm

<h2>5 表地を縫う</h2>

裏地と表地の中心部分を持って図のようにひっぱり、真ん中でまち針とまち針が重なるようにする。表地が重なっている赤い点線部分を2辺縫う。

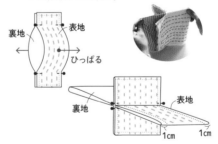

裏地　表地
ひっぱる
裏地
表地
裏地
1cm

<h2>6 裏地を縫う</h2>

反対側の裏地が重なっている赤い点線部分を2辺縫う。1辺は返し口を残すため、まち針から1cmだけ縫う。

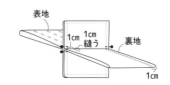

表地
1cm 1cm縫う
裏地
1cm

<h2>7 ひっくり返す</h2>

裏地の返し口からひっくり返して（①）中の布を引き出す（②）。あいている返し口の部分はミシンか手縫いで縫い合わせる（③）。

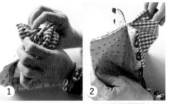

1　2

3

<h2>8 まちをつくる</h2>

裏地を表地に入れ込む。表地と裏地の角を合わせて裏にひっくり返し、まちを縫う。

<h2>9 表に返してひもを通す</h2>

表に返して8つのループにひもを通し、反対側からもう1本のひもを通して結ぶ。ひもの端にタカラ貝とビーズをそれぞれ1個ずつつける。

湯たんぽ代衣

わたしが子どものころは、まだ、布の袋がいっぱいありました。大きな袋は、ふとんをいれる袋。お米をいれる麻袋。大工さんの道具をいれる帆布の袋。日本酒をしぼる柿渋で染められた酒袋。インドやタイなどアジアの市場では、いまでも米や小麦粉や豆や香辛料が生成りの木綿の袋にはいって売られています。

　高知では亡くなったひとの灰を麻の袋にいれるそうです。骨壺や陶器の茶わん、弁当、水筒や湯たんぽをいれる袋などはまだまだ布のものが現役で使われています。

　わたしの冬じたくになくてはならないものが湯たんぽと袋です。

　最高の冬の夜のお楽しみ。足がほくほくと芯から温まり、からだじゅうがほぐれ、こころもゆるみます。

　この世のいちばんのしあわせは、湯たんぽだといいきれます。まだ湯たんぽを使ったことのないひとは、ぜひお布団のなかにいれてみてください。さいしょはブリキの湯たんぽでしたが、陶器の湯たんぽに出会ってからは、これが手放せません。プラスティックにはない素材の質感。

　このしあわせの湯たんぽに、手づくりの袋をちくちくし、さらにかわいい愛らしい湯たんぽにします。手をかければかけるほど、わたしのからだはよろこんで、ますます健康になるのですからふしぎです。

　そして夏になって湯たんぽを使わないときは、巾着袋として、おでかけにも使えるのです。お買い物にもかごやエコバッグを持ってでかけるように、これからは環境にやさしく、サスティナブルな（持続可能な）くらしをどうつくるか考えるのが楽しい今日このごろ。パンを買うときにもこの湯たんぽ袋を持っていきます。

湯たんぽ代衣の つくり方

4枚の布をいっぺんに縫い
ひっくり返すとできあがり

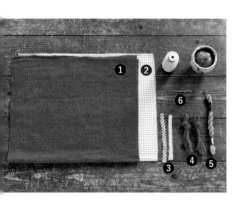

材料

❶ 表地用のベッチン（42cm×70cm）
❷ 裏地用の薄手の木綿布（45cm×70cm）
❸ 布のかけら（1cm×15cm）…2枚
❹ 丸ひも（65cm）…2本
❺ 刺しゅう糸
❻ ひも通し

1 布を重ねて裁つ

裏地と表地をそれぞれ中表にして半分に折る。裏地の上に表地を重ねる。裏地の布は表地より3cm飛び出させておく。写真の白い点線部分を切り、わの部分も切り離す。

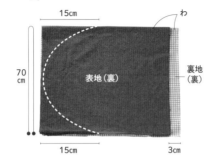

2 4枚の布を縫い合わせる

1の布がずれないようにまち針でとめ、図の赤い点線部分を縫う。袋の口は表地の上から12cm縫わずにあけておく。

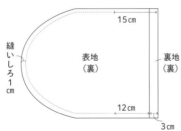

3 内側の布を縫う*

内側2枚の布を合わせて裏に1cmほど折り返し、端をまち針でとめる（①）。Aをつまんで図の矢印の方向に引き出しながら、端から1cm部分（図の赤い点線部分）を裏側から縫う（②）。縫い終わったら引き出した布をしまう（③）。

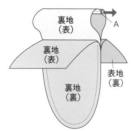

＊裏地の2枚の布を区別するため、つくり方3〜5のみ、裏地の柄を赤チェックと黄緑に変えています。

4 外側の布を縫う*

外側の布同士の端を合わせてまち針でとめ（①、②）、上から1cm部分（図の赤い点線部分）を縫う（③）。

5 ひっくり返す*

脇のあき口から表地のペッチンとペッチンの間に手を入れ（①、②）、内側の布を引き出して表に返す（③、④）。

表地（裏）

表地（表）

6 両脇のあき口をとじる

脇のあき口の端を内側に折り込み、表地と裏地を重ねてまち針でとめ（①）、刺しゅう糸で図の赤線部分を「コの字とじ」する。ひも通し口をつくるため、3.5cmはとじずにあけておき、周りをなみ縫いする（②）。

裏地

2.5cm　　2.5cm

ひも通し口
3.5cm

ひも通し口
3.5cm

表地

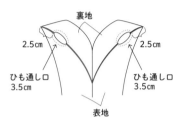

ひも通し口

＜コの字とじ＞

折り山どうしを突き合わせ、それぞれの折り山をすくいながらとじると、表に縫い目が見えずにきれいな仕上がりになる。

布（表）

布（表）

7 ひも通し部分を縫う

ひも通し部分の上下（図の赤い点線部分）を縫う。手縫いにしてもかわいい。

裏地

表地

ひも通し口

8 ひもを通す

ひも通し口からひもを入れ、2本のひもが互い違いになるようそれぞれ通す。ひもの先は布のかけらでしばってまとめる。

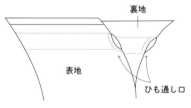

バゲットなどを入れて巾着として使ってもよい

袋の口から裏地がちらりと見えるのがポイント

70

冷えとりのはなし

　冷えとり健康法をこつこつ、もう25年もつづけています。こんなに長く続けられたのは靴下の重ねばきや半身浴が気持ちよかったからです。からだを温めるとここちよいので、自然と冷えとりして、気がつくと健康なまいにちをすごしています。

　「冷えとり」とは薬にたよらず、からだの「冷え」をとりのぞくことでからだの自然治癒力や免疫力をたかめる健康法です。

　靴下4枚の重ねばき、スパッツ2枚（p86参照）、毛糸のパンツをはいて下半身を温めます。さらにお風呂で汗をかくまで半身浴、おふとんには湯たんぽをいれて温め、少食にします。

　からだをつくるたべものに気をつけるように、からだをつつむ衣服の素材にも気をつけましょう。ひふで受けとる感覚はわたしの感情を左右してい

ます。着ている服が温かいと、まいにちが気持ちよくなるように感じます。

　湯たんぽは陶器、ブリキ、ゴム、プラスティックといろいろな素材があるけれど、わたしは陶器がおすすめです。いまでも多治見の製陶所がつくっていて、重いのが難点ですが、朝までお湯がさめなくて温かいので安心です。寝ている間にじかに触れてやけどをしないよう、足元から少しはなれたところにおいておきます。朝起きると湯たんぽのお湯で顔を洗ったりします。

　昔からあるブリキは直接火にもかけられます。でも爆発しないようご注意ください。

　外国製のゴムの湯たんぽはかわいいデザインがうれしい。手軽に持ち運びできるので、旅のかばんにいつもいれておきます。

わたしが使っている冷えとり靴下。絹、綿、絹、綿と重ねばきし、最後にウールの靴下をはく

左から陶器、ブリキ、ゴム製の湯たんぽ。今回紹介した湯たんぽ袋には、陶器の湯たんぽがすっぽりはいる

あずま代衣

あずま袋のつくり方

布を二重にするので
丈夫な袋になります

材料

❶ 麻布（30cm×60cm）
❷ ひも用の布*（2.5cm×60cm）
❸ 大きめのボタンやたから貝
❹ 刺しゅう糸

＊今回はベッチンを使用。バイヤステープや市販
のひもをそのまま使ってもよい。

1 麻布を二重にする

布を中表にして半分に折る。「わ」と返し口
を除き、周囲をぐるりと縫う。返し口から
ひっくり返して内側の布を引き出す。

返し口は10cmほど
あけておく

2 ひもをつくる

ひも用の布を観音折りし、きわを縫ってひ
もをつくる（→p49「観音ひも」参照）。

3 袋にする

1の返し口がある端以外の3つを中央に向
かって折り、重なる部分の2辺を刺しゅう
糸でかがり縫いで合わせる。糸を2本どり
にして目を細かく縫うと仕上がりがきれい
になる。

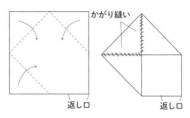

かがり縫い

返し口　　　　　　返し口

4 ひもとボタンを縫いつける

返し口を角に向かって刺しゅう糸で「コの
字とじ」（p70の図参照）する。最後に2の
ひもの端を返し口の角に差し込んで縫い
つける（①）。ひもの先にボタンやたから
貝を縫いつける（②）。

①

②

布ナプキン（p88）やたね袋、
さいほう箱などを入れて
使います

73

レタスぐるぐる布

農婦のまえかけ*と同じくらい、まいにちのくらしに欠かせないのがレタスぐるぐる布です。レタスぐるぐる布は、レタスを包んで水切りするための布のこと。

畑でレタスやルッコラやベビーリーフを育て、毎日たべます。レタスはざっと洗ったら、ぐるぐる布で包んでウッドデッキで腕を大きく回し、水切りします。思いっきり腕を回すことで、レタスの水が切れるだけでなく、肩甲骨が動いてからだがほぐれるので、レタスをたべればたべるほど元気になるわけです。

1枚の麻布でもよいですが、麻ガーゼや木綿布をつぎはぎした布があると、さらに楽しくぐるぐるできます。

*p55参照。

洗ったレタスを布の中心におき（左）、くるっと包んで（右）ぐるぐる回す

74

レタス
ぐるぐる布の
つくり方

大小の布を組み合わせて
カラフルな大判の布に

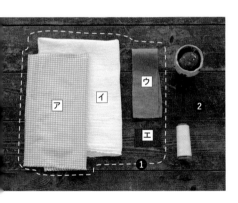

材料

❶ 布のかけら*
　ア）木綿布（70cm×30cm）
　イ）麻ガーゼ（45cm×63cm）
　ウ）麻布（7cm×40cm）
　エ）ベッチン（7cm×5cm）
❷ ループ用ベッチン（3cm×6cm）…2枚

*今回4枚の素材をそれぞれ変えたが、すべて麻布でもよい。大きさや枚数は好みで、つぎはぎしたときに70cm×75cmの布1枚ができればよい。

1 布を組み合わせる

写真のように4枚の布のかけらを組み合わせ、1枚の布になるように並べる。

2 ウとエを縫い合わせる

ウの短辺とエの長辺を中表に重ねる。折り伏せ縫いできるよう、エを0.5cm内側にずらし、端を縫い合わせる（①）。縫いしろを中心にして開き、折り伏せ縫い（→p13「折り伏せ縫い」参照）する（②）。

3 イを縫い合わせる

2でできた布の長辺とイの短辺を中表に重ねる。折り伏せ縫いできるよう、イを0.5cm内側にずらし、端を縫い合わせる。2と同様に折り伏せ縫いする。

4 アを縫い合わせる

3でできた布の長辺とアの長辺を中表に重ねる。折り伏せ縫いできるよう、アの部分を0.5cm外側にずらし、端を縫い合わせる。2と同様に折り伏せ縫いする。

5 4辺を三つ折りして縫う

布の端を三つ折りしてからぐるりとミシンで縫う。

6 角にループをつける

ループ用ベッチン2枚をそれぞれ観音折りし、きわを縫って2本のひもをつくる（→p49「観音ひも」参照）。半分に折ったひもを5の布の2つの角にそれぞれつける。ループがあると台所に引っかけておけるので便利。

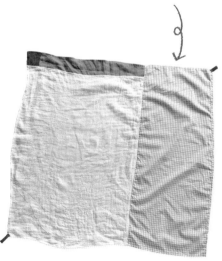

ちくちくぞうきん

ちくちくぞうきんは、わたしの祖母が銘仙や木綿の着物をほどいて、もんぺを縫い、もんぺがぼろぼろになると、さいごには、ぞうきんにしていたのを思い出してつくりました。わたしが子どものころ、祖母の着ていた絣でつくったぞうきんは、使うたびに祖母の姿を思い出し、きゅーんと愛おしくなった記憶があります。

　あるエッセイストの方が、ぞうきんは汚れるとすぐに捨ててしまうと書いていたのを読み、じゃあ捨てられないぞうきんをつくろうと思いました。わたしの着ていた衣服をつぎはぎしてつくると、家族のものは、そのぞうきんから好んで使います。汚れても石けんで洗って、洗ってして、ふしぎと長く使われるのです。

　ちくちくしごとは、こまぎれの時間を、縫い合わせるようなしごとです。ちいさな、ちいさな時間をあつめて、ちくちくします。女性は、子どものころから、家のしごとや、ごはんしごとなど、ちょっとしたしごとをいつもかかえています。ちくちくしごとは、そうした、だれかほかのひとのためのしごとから、ちょっと逃げて、ひきこもるための、しごと。お母さんの役、嫁の役、妻の役、そうした役割を捨てると、ひとりの人になり楽になります。

　ちくちくの時間は、わたしを味わい、わたしの素にもどります。こうした時間をすごすことが、わたしの一生に大きな根っこをつくってきました。夢中になり、集中すると、すべてのことから解放されます。こうして、じぶんの世界をつくってきたのです。実は、わたしという自然をとりもどすことが、ぐるりの自然や地球をたいせつにすることに、つながっているのです。

ちくちくぞうきんのつくり方

布のかけらをはぎ合わせ
ちくちく縫うのが楽しい

材料

❶ 布のかけら…たくさん
❷ 刺しゅう糸
❸ 着古した服

1 布のかけらを組み合わせる

布のかけらを自由に組み合わせ、30cm×20cmほどの長方形に並べる。

2 布のかけらをつなぐ

隣になる布のかけら同士を中表に合わせ、裏側から端1辺を縫い合わせる（①）。表を上にして広げ、押さえ縫いする（②）。これを繰り返し、布のかけらを1枚の布にする。これが表布になる。

①

押さえ縫いすると
仕上がりがきれい

②

3 布を2枚切って重ねる

着古した服から2と同じ大きさの布を2枚とる。ぞうきんの外側になる表布（㋐）と裏布（㋑）を中表に合わせ、もう1枚の芯になる布（㋒）の3枚を重ねる。

着古した服に布を
当て、同じくらいの
大きさに切る

ア

イ

ウ

4 袋状に縫う

3枚をまち針でとめ、返し口を10cmほど残して外側をぐるりと縫う。

5 返し口を縫う

返し口からひっくり返して中の布を引き出す。四隅をしっかり出しておく。あいた口の部分をかがり縫いしてとじる。

かがり縫いで
口をとじる

6 全体をちくちく縫う

好きな間隔でぞうきん全体をなみ縫いする。

78

布の一生

　布の一生は、わたしの一生。出会った布とは布のさいごまでつきあい、生ききるのです。

　ピンクのスカートの布とは、タイの南のハチャイの市場で出会いました。その模様の花束がダリアだとわかり、ますます好きになりました。この布はタイやインドネシアの女たちの腰まき布です。スカートに仕立てて使い、まいにちごしごし洗い太陽に干すことで、色あせた感じになって、なんともいえぬ味わいをかもしだします。日本の古い着物のさらさ布のようです。

　こうして古くなった布と、一生をともにくらすのは楽しいことです。ちいさく切ってちくちくぞうきんにしたり、大事なお守りを入れるためのちいさな袋にします。また、ひもにして、三つ編みしたり、畑の野菜の苗を支柱にとめるときにも使います。

1枚の服から切り取った布のかけらは大きさごとにそろえ、ホーロー容器などに入れて台所や脱衣所においておく。ちょっとした汚れを拭くのに便利

布のかけらを野菜と支柱を結ぶときなどに使う。鮮やかな色の布のかけらで畑もにぎやかになる

下着いろいろ

シミーズ
スパッツ
布ナプキン
ふんどしパンツ

ふんどしパンツとシミーズ

　ブラジャーをつけると胸が苦しくなり、パンツをはくと足のつけ根をしめつけられます。それが、とてもいやでした。だから20代のころから素肌に身につけるものについて、ずーっと考えていました。もともと、ひとより肌がナイーブで敏感な子どもでした。着ている服がちくちくしたり、衣服のラベルや靴下の縫い目が素肌にあたると気になってしかたがないのです。また、しめつけられたり、持ちあげられたりするのも苦手です。素肌がいやがって、気持ちもうわーっとなってしまう。

　着ているものによって、じぶんの気持ちがよくなったり、わるくなったりすることに、気がつきました。

　探してもよい下着がみつからないので、つくることに。シミーズはダブルガーゼで。ふんどしパンツはシルクです。

　ブラジャーはしめつけるのでつけません。おっぱいは、ぶらぶらしていたほうが、人間として自然です。それに気持ちがうんと解放され、すがすがしい気分になります。

　パンツもこの30年間はいていません。ずーっとふんどしパンツです。はじめは、ひもつきのふんどし。けれども子どもが幼いころ、トイレにはいるたびに大泣きするので、さっとさげられるように、ゴムで工夫してふんどしパンツをつくりました。三砂ちづるさんによると、戦後にパンティなるものがはいってくるまえは、女は、腰巻きひとつだったそう。あそこをぴったり布で密着させると、雑菌が発生しやすくなるという。ふんどしパンツでいると、これまた、すっきりさわやかに解放されて、自由でさらさらして気持ちいいんです。

両脇を縫ったら
そでと首回り、すそを始末するだけ

シミーズのつくり方

材料

❶ 木綿のダブルガーゼ（115cm×50cm）
❷ 刺しゅう糸

1 布を裁つ

肩が「わ」になるよう布を半分に折り、図のように首回りとそでぐりを切る。

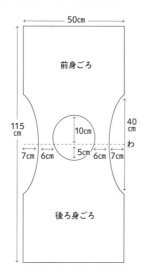

```
        50cm
┌──────────────────┐
│                  │
│     前身ごろ      │
│                  │
115              40cm
cm   ┌──10cm──┐
     │   5cm  │      わ
  7cm 6cm  6cm 7cm
│                  │
│     後ろ身ごろ    │
│                  │
└──────────────────┘
```

2 両脇を縫う

半分に折ったまま、前身ごろを下にしておく。折り伏せ縫いできるよう、後ろ身ごろの脇の部分を1cm内側にずらし、両脇を縫う。

後ろ身ごろを1cm
内側にずらす

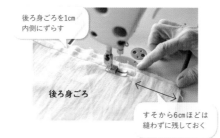

後ろ身ごろ

すそから6cmほどは
縫わずに残しておく

3 両脇を折り伏せ縫いする

縫いしろを中心にして開き、刺しゅう糸で折り伏せ縫い（→p13「折り伏せ縫い」参照）する。

4 そで、首回り、すそを縫う

そでぐり、首回り、すそをそれぞれ裏側に三つ折りにしてぐるりとまつり縫いする（①）。2で縫い合わせなかったスリット部分も同様に三つ折りにして縫う（②）。

①

②

5 首回りにタックをつける

前身ごろの首回りの中心をつまみあげ、なみ縫いで5cmほど縫う。これを3列つくる。

ふんどしパンツの
つくり方

足のつけ根をしめつけない
脱ぎ着しやすい形です

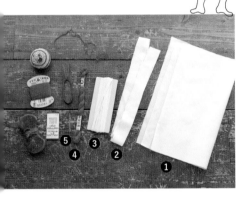

材料

❶ 本体用のシルクの羽二重*（75cm×30cm）
❷ ベルト用のシルクの羽二重*（110cm×6cm）
❸ ゴム（0.5cm幅×70cm）
❹ 刺しゅう糸
❺ ひも通し

*木綿のダブルガーゼでもよい。

1 両脇を縫う

本体の長辺の両側を1cm幅で三つ折りし、まつり縫いかなみ縫いする。

2 ベルトを輪にする

ベルトを図の赤い点線で外表に折り、アイロンで折り目をつけたら開く。図の黒い点線で中表に折り、両端を縫い合わせて輪にする。このとき写真のように1.5cmほどゴム通し口用の間隔（A）をあけておく。

ベルト（表）　谷折り　山折り

6cm

110cm

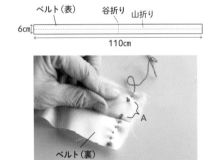

ベルト（裏）

A

3 ベルトを本体（表）につける

重ねたベルトを縫いしろで割り、本体の真ん中に合わせてまち針でとめる（①）。端から1cmで縫い合わせる（②）。

本体（表）

ベルト（裏）

A

真ん中

①

②

ベルトの縫いしろは割った状態で縫い合わせる

4 ベルトを本体（裏）につける

本体を裏返し、ベルトの端を裏側に1cm折る（①）。アイロンの折り目に合わせて再度折って本体に重ね（②）、きわをなみ縫いする。本体のもう片側にも同様にベルトをつける。

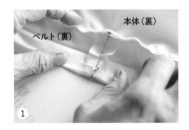

本体（裏）

ベルト（裏）

①

3 ベルトを本体（表）につける

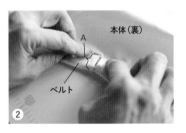

本体（裏）

A

ベルト

②

5 ベルトのしまつをする

本体と重なっていないベルトの部分は、アイロンの折り目に合わせて折り、両端を1cmほど内側に折って合わせ、きわをなみ縫いする。

6 ゴムを通す

Aのあき口からベルトにゴムを通す。

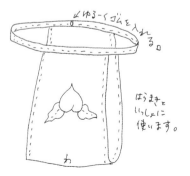

ゆる〜くゴムを入れる。

はらまきといっしょに使います。

わ

84

素肌にふれるものつくり

わたしたちの素肌は、いつも布を感じているはずです。ひかりを感じたり、音を聴いたり、気圧や湿度や温度を感じたり、ちいさなでこぼこも感じているそうです。

傳田光洋さんの著書『第三の脳』によると、素肌は脳と同じ外胚葉でできているから第三の脳で、感情を感じたり、よろこんだりするらしい。肌に手をふれてもみほぐすと、こころもほぐれます。ならば、素肌にふれる下着こそ、気持ちを左右するほどだいじだということです。

ブラジャーをしないくらしからこころみてください。おっぱいが目立つのが心配な夏は、木綿や麻のベストや絵日記シャツ (p22) を重ねて着ます。ふんどしパンツでは、こころもとないと感じるかもしれません。けれども、夏でも腹巻きやゆるめのスパッツと、白いアルパカの手編みの毛糸パンツをはき重ねているので、腰まわりは安心です。

市販のスパッツはゴムのぶぶんが強すぎて温まるより血液がとまって、からだにわるそうです。ウエストのゆるやかなスパッツを探してもなかなかないので、じぶんでつくりました (p86)。ふんわりとやわらかく、温かな木綿100％の天竺やフライスのニットの生地でスパッツの自給自足。足もとまでぴたっとおおってくれるので夏の畑でも虫にくわれることがありません。買わずにつくると、じょうぶで長く着られるし、安くできてうれしいです。

冬には、さらにアルパカの手編みのレギンスを重ねばきします。下半身の冷えを温めると肌がよろこびます。このように温める習慣がわたしの元気の秘訣です。

ダブルガーゼのシミーズ（右上）、
羽二重のふんどしパンツ（右下）、
天竺のスパッツ

冷えとりスパッツ

冷えとりスパッツのつくり方

筒状の生地を使うことで脇を縫う手間がかからない

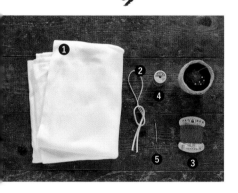

材料

❶ 天竺やフライスなどの筒状の木綿ニット布*（45cm幅×200cm）
❷ ゴム（0.4cm幅×75cm）…2本
❸ 手縫い糸
❹ ニット用ミシン糸**
❺ ひも通し

*天竺はTシャツなどによく使われる生地。フライスは肌着によく使われる生地。天竺に比べ、より伸縮性がある。どちらも丸編み機で編み上げられた筒状の布。

**伸縮性のある布を使うので、伸ばしたときに切れないよう、伸縮性のある糸を使う。

◎上の材料でスパッツが2着つくれる。

1 布を裁つ

布は筒状のまま、四つ折りする。図の赤線部分を切り、すその「わ」の部分を切って開くと、写真のようにスパッツが2枚とひし形のまちが2枚できる。

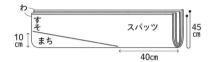

わ
すそ
まち
10cm
スパッツ
45cm
40cm

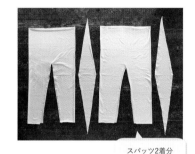

スパッツ2着分

2 まちをつける

図のように1枚のスパッツのすそを広げ、まちを0.5cmほどずらして下におく。Aとまちのを合わせてまち針でとめ（写真）、Aから両すそに向かってそれぞれ縫う。

1.5cm
B
まち（表）

↓ AとBを重ねる
0.5cmずらす
1cm
0.5cmずらす
1cm
すそ
縫う
A
ウエスト
縫う
1cm
すそ
スパッツ（裏）

3 折り伏せ縫いする

スパッツとまちの縫いしろを中心にして開き、折り伏せ縫い（→p13「折り伏せ縫い」参照）する。このとき、Aから片方のすそに向かって縫い、再びAからもう片方のすそへ向かって縫う。

スパッツ（裏）
まち（裏）

4 もう一方にもまちをつける

スパッツのもう片側にも2と同様にまちを縫いつけ、3と同様に股の真ん中からすそに向かって折り伏せ縫いする。

すそに向かって、筒を開くようにしながら縫う

5 ウエストを縫う

まち（表）
スパッツ（裏）

スパッツを表に返す。ウエスト部分は図のように2cm幅の三つ折りにする。片脇にゴムの通し口を2cm残して、赤い点線の通りウエストをぐるりと縫い、ゴムが1本通るようにする。手縫い糸で縫う場合は布を伸ばしながら縫う。

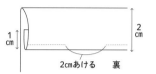

1cm
2cm
2cmあける
裏

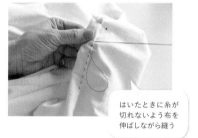

はいたときに糸が切れないよう布を伸ばしながら縫う

6 すそを縫う

すそは内側に三つ折りしてぐるりと縫う。手縫い糸で縫う場合は布を伸ばしながら縫う。

7 ゴムを通す

ウエストにゴムを1本通す。

布ナプキン

　布ナプキンとの出会いは、1980年代にオーストラリア人の
ジェーンさんが見せてくれた〝ムーンパッド〟がはじめてでし
た。夫の暴力からのがれてきた女性たちが自立のためにつく
っていたものです。当時、子どものおむつは布なのに、お母さ
んのナプキンが使い捨てでいいのか？と思った女性たちのあ
いだで、布ナプキンが口コミで広まっていきました。
　2005年に角張光子さんの『ひろがれ ひろがれ エコ・ナプキ
ン』（地湧社）を読んで、使い捨てナプキンにダイオキシンなど
の有害物質が含まれる可能性のあること、かぶれやかゆみが
でない、肌にやさしい布ナプキンをつくるために、無漂白ネル
生地をあつかっていることを知りました。もともとネル好きな
ので、夢中になって布ナプキンをつくりました。
　布ナプキンを使いはじめたときの解放感は忘れられませ
ん。手づくりすることで、買わなくてもいいうれしさと、使い
ごこちのよさを感じられます。そして、それまでつづいた生理
痛がすっかりなくなっておどろきました。
　これは、いっしょに生理のお手当てをはじめたからです。野
口整体を指導していた岡島瑞徳さんは、生理の前の日に後頭部
を温め、いちばん多い日の朝に足湯をするとよいと著書などに
書いています。そうすると、生理の血液が、さーっと一度にぜ
んぶでて、爽快な生理になるのです。じょじょに生理をいやな
ものだと思わなくなりました。からだからでるものを、じぶん
の手で愛しむように洗うとからだのなかのものが地球とひとつ
になるように感じるからふしぎです。

布ナプキンのつくり方

パーツを縫い合わせて裏返せば羽とポケットつきのナプキンに

材料

❶ パッド用の布（9cm×18cm）
　…タオル地1枚、ネル生地*2枚
❷ 本体用の布（10cm×18cm）
　…タオル地1枚、ネル生地1枚
❸ ポケット用の布（10cm×10cm）…ネル生地2枚
❹ ポケット用の布（9cm×10cm）…タオル地2枚
❺ 羽用の布（7cm×7cmの布を台形に）
　…ネル生地4枚
❻ スナップボタン（大きめがおすすめ）
❼ 刺しゅう糸

◎ここで紹介する布ナプキンのできあがりは約16cm×8cm。
*ネル生地についてはp7を参照。

1 ポケット部分をつくる

ポケット用のネル生地1枚にタオル地1枚を重ねる。ネル生地のはみ出している部分を三つ折りしてタオル地の端にとめて縫いつける。同様にしてもう1つつくる。

2 羽をつくる

羽用の布を中表にして2枚重ね、台形の下の長辺を残してぐるりと縫う（右）。ひっくり返して内側の布を引き出す（左）。これを2つつくる。

3 パーツを並べる

本体用の布をタオル地、ネル生地の順に重ね、上に❷の羽を2枚重ねる（①）。その上にネル生地を下にした❶を2枚置く（②）。

ネル生地
（表）

まち針で羽をとめる

①

三つ折りした端が真ん中で合わさるように並べる

②

4 パーツを縫いつける

縫いしろ0.8cmで周囲をぐるりと縫い、すべてのパーツを合わせる。

5 ひっくり返す

ポケットの口からひっくり返して内側の布を引き出す。

6 羽にボタンをつける

羽を合わせたときに重なる部分に印をつけ、スナップボタンの凹凸をそれぞれにつける。

7 パッドをつくる

パッド用のタオル地に中表にしたネル生地2枚を重ね、返し口を5cmほど残してぐるりを縫う。返し口からひっくり返して内側の布を引き出し、あいた口の部分を「コの字とじ」（p70の図参照）でとじる。

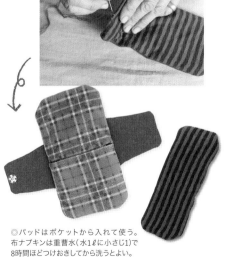

◎パッドはポケットから入れて使う。
布ナプキンは重曹水（水1ℓに小さじ1）で8時間ほどつけおきしてから洗うとよい。

土に還るものつくり

1 うつくしい、くらし

くらしから生まれる、うつくしい感覚。
しごとからつくられる、うつくしい意識。
「くらしがしごと」は、うつくしいの気づき。

うつくしく、くらそう。
うつくしいは、自然と共鳴する。
うつくしいは、くるくると循環する。
うつくしいは、ひととひとをつなげる。
うつくしいは、ぐるりのひとに影響する。
うつくしいは、すべての戦争に反対する気もち。
うつくしいは、にんげんらしくある人類のことば。
うつくしいは、自由に解放する芸術のめざすところ。

服つくりするとき、
衣服を着るとき、
ごはんをつくるとき、
まいにち、くらしのきほんは
うつくしく。
うつくしくくらすひとは、おのずとこころおだやかになるのです。
うつくしい日常は、ひとりのくらしからはじまる運動になるのです。

2 なぜつくるのか

つくるために生きる。
つくらずには、生きられない。
土さえあれば、布さえあれば、
じぶんらしく生きることができる。
つくることで、すべてのものから自由になれる。

アート、芸術は、人間を解き放つためにあるもの。
コロナ禍のいまこそ、生きるためにアートがひつよう。

わたしたちは知らないうちに
いい消費者になるために教育されている。
消費するために、お金を稼ぐ。
消費するために、生きる？
でも買わないで、ちいさな自給自足のためにつくると、
つくることが、しごとになる。
すこしずつ自給自足をしよう。
資本主義から、いちぬける。

つくるくらしは、
ルッコラや小松菜から。
ひとつずつ、ふんどしパンツ。
ひとつずつ、絵日記シャツ。
ひとつずつ、畑もんぺ。

3 服をつくるとき—微笑むこと

どんな気持ちでつくるかがだいじ。
ちくちくつくるとき、微笑みながら、つくること。
だれが着るのかイメージして、着るひとを想うこと。
こころがおだやかになり、手はやさしい気もちで、ちくちく。

怒りながら、つくると、その気もちがものにあらわれる。
怒りはなにかに抗うエネルギーになるけれど、
アンガーコントロールがたいせつ。
ちくちくしながら、楽しい気もちになったら、
ちょっと口元をあげて微笑みます。
ちくちくすることは、集中して覚醒するような感じ。
ちくちくすると、気もちがいい。
ちくちくするのは、瞑想のようなもの。

4 大量消費はやめて、だれかのためにつくる服

昔の家庭は、服やたべものをつくるばしょ。
いまの家庭は、消費するばしょ。
大量生産、大量消費の衣服をやめて、
すこしずつ手づくりのものを着よう。

パンツからシミーズまで、母のつくる服を着て大きくなりました。
仕立て屋さんのように、まいにち足踏みミシンがカタカタ。
注文したとおり、ワンピースやブラウスをつくってくれました。
小学校の修学旅行で友だちのレースやリボンのついたかわいいパンツをみておどろきました。家にかえるとすぐ母に「パンツぐらい買うてや！」というと母が泣きそうなくらい悲しい顔をしたこと。いまでも眼のおくそこにやきついています。
そのとき、わたしは衣服の本質がわかったような気がしました。
だれかが、だれかのためにつくる服は、こころがこもっています。
いまのように、どんどん消費する大量生産、大量消費の服とちがって、母の想いや感情がこめられていたように思います。

5　ちくちく、畑、ごはん、ときどき旅のくらし

布さえあれば、生きていけるほど布が大好き。

でも、ちくちくのまいにちは、畑のごはんにささえられています。かぞくや弟子たちのために種まきし、オーガニックな野菜をつくります。みんなの元気を土からうまれるたべものでつくるのです。土があるから、布しごとに熱中できる。布しごとがあるから、土とひとつになることができる。

畑やちくちく、ごはんをつくるとき気をつけていることは、うつくしくということです。このうつくしさのなかには、循環していて、気持ちがよいこともはいるし、たべものも、布も、さいしょからさいごまで、つかいきってきれいなしごとということもはいると思います。旅も、ちくちくのまいにちをささえてくれているもの。チベットでみた赤の色がいまも眼のおくそこにはあって、わたしのものつくりの想像力をかきたてる。旅があるから山岳少数民族に出会うことができたし、そこからまなんだ生き方があるのです。旅のない日常も、かつての旅の記憶にささえられています。

6　生きるためのフェミニズムの時代—ちいさな自給自足

かぞくと生きるためのものつくり。
テッペイがかぞくの器をつくり、
わたしがかぞくの服をつくること。
あたらしいかぞくの生き方をつくる。
かぞくで共に産み、共につかう。
かぞくでシェアするちいさな自給自足。
フェミニズムを生きるくらし。

畑しごと、服つくり、ごはんつくりなどの手づくりの家事は、無料、フリーなしごと。かぞくのなかではお金はもらわない。おくりもの経済は、お金中心の資本主義にはなじまない。もはや、資本主義後のくらし方ではないでしょうか。

母の時代は専業主婦だったから、すべての服を手づくりできた。ごはんも一汁三菜。いまは女性もはたらき、自立することがだいじ。はたらきながら、家事するのはたいへん。女のひとだけが、家事をして、ていねいに、なんでも手づくり第一主義になるとつづきません。家事はかぞくみんなでシェアしましょう。

そのうえで、かぞくの服をつくりましょう。

ふんどしパンツだけでも、絵日記シャツだけでも、ちいさく自給自足の手づくりできるとからだが解放されます。すこしでも資本主義からぬけだすためです。女も男もはたらく、いまの時代にこそ、服つくりやものつくりが、女性の自立や解放をかかげるフェミニズムとつながるひつようがあるのです。

7　土着のくらしにまなぶ

土着なくらしと、未開なくらしにあこがれる。
わたしたちの文明のきたところ、おおもと。
日本の土着な衣服は、もんぺです。

山岳少数民族のくらしは、うつくしい。
それぞれの民族には長いあいだ伝えられたうつくしい衣服がある。
着るものも、日常につかう道具も、家も土に還る素材。
土着のうつくしいは、土に還り、循環する。

若いころ、タイとミャンマー、中国の国境にくらす村々を旅したの
がきっかけで、アカ族、メオ族、リス族、ルワ族、カレン族、カチン
族、チベット族などの衣服に出会い、服つくりの影響をうけました。
赤ちゃんをおんぶした女のひとが、昔ながらの原始機織りをしてい
ます。織り幅は30センチくらい。衣服は布の幅を生かしてつくら
れます。
アジアの土着の衣服は、着物のようなえりです。
メオ族やチベット族、ネパール人の土着の衣服はアジアのひとの首
の長さに似合っていてだれにもつくりやすくできています。こうい
う衣服からカレンシャツやカレンワンピースや野生パンツができて
きたのです。

8　土に還る服

土に還るものと土に還らないもの。
人も服も、土から生まれ、土に還る。
畑の種まきの生活から、まなんだこと。

天然自然の素材をえらんで服をつくりましょう。夏涼しく、冬に温
かで、からだによいことと、素肌がよろこびます。そして、なんと
いってもすばらしいことは土に還るということ。
いまアクリル製のフリースが問題になっています。洗濯するとマイ
クロチップになって、川を下り、海の魚や貝に蓄積し、それを食べ
て、またわたしたちのからだに戻ってくるというのです。
現代の化学繊維の衣服は、土に還らない。永久になくならず自然界
にありつづけるのです。くらしは循環しているということを知り、
土に還るくらしを実践しましょう。

おわりに

コロナ禍のなかで、くらしが、
いま、じょじょにかわろうとしている。
ちいさな種まきが、
ちいさなちくちくが、
ちいさな手づくりが
ちいさな田んぼや畑が、

ちいさな自給自足につながり、
ちいさな自然農をこころざす。
ちいさなにわとり小屋をつくり、
ちいさなどうぶつたちとのくらし。
にんげんは自然とつながって生きていく。

耕すために村でくらそう。
つくるために山でくらそう。
つくることで自由に解放される
こころゆさぶるものつくりをめざそう。

じぶんの手で服をつくると
楽しいし、うれしいし、ゆかいな気もちになります。
かぞくやまわりの、ひとびとも、着ている服を見て、楽しい
気もちになるのです。
ぐるりのひとに見られる服は、こうして伝播するひとつの
表現になるのです。じぶんのくらしのなかから、大量生産、
大量消費の資本主義のものを買うのをやめて、ひとつずつ、
じぶんの手でつくること。これは、くらしをうつくしくす
るひとつの運動です。くらしをつくるために、種まきし、
日本みつばちを飼い、じぶんの服をつくりましょう。さい
しょはひとりで、かぞくでシェアして、ちいさく友だちに
もシェア。いつか村になることを夢みて。こうして村々が
ちいさな自給自足で自立するとき、こんどは、かつてガン
ジーが考えたように、民なるくにが生まれるのです。

この本がみなさんにとって、こころのおさいほう箱になり
ますように。

早川ユミ（はやかわ ゆみ）

1957年生まれ、布作家。アジアを旅し、山岳少数民族の布や手
織り布、草木染めの布で衣服をつくり、全国各地で展覧会を開く。
高知の棚田に小さな果樹園と小さな畑をつくりながら暮らす。
近著に『野生のおくりもの』『早川ユミのちくちく服つくり』（と
もにアノニマ・スタジオ）など。

http://www.une-une.com
instagram　yumi_hayakawa24
Twitter　@yumi_hayakawa
Facebook　Yumi Hayakawa

写真　　　　河上展儀、早川ユミ（p90、p92の左、p96）
デザイン　　山本みどり
編集協力　　まりぼん、鶴岡沙織
撮影協力　　きょう・よく、橘天馬、子どもたち（想くん、風ちゃん、山象くん）
イラスト（p9、p58、p81、見返し、裏表紙）　まりぼん
p2のミシン上の人形（寝袋マン）　MARU作
編集担当　　伊藤照手

種まきびとの ちくちくしごと
野良シャツ、柿渋染めエプロン、子ども服

2021年11月30日　第1刷発行
2023年10月30日　第5刷発行

著者　　　　早川　ユミ

発行所　　　一般社団法人　農山漁村文化協会
　　　　　　〒335-0022　埼玉県戸田市上戸田2－2－2
電話　　　　048-233-9351（営業）　048-233-9372（編集）
FAX　　　　048-299-2812　　振替　00120-3-144478
URL　　　　https://www.ruralnet.or.jp/

ISBN978-4-540-21101-0
〈検印廃止〉
Ⓒ早川ユミ2021 Printed in Japan
DTP／（株）農文協プロダクション
印刷・製本／TOPPAN（株）